천 개의
그리움을 보낸다

샘문 시선 1018
최성학 시선집

둘의 아쉬움 남아
천 개의 그리움 되고

기다리는 만물 깨워
한 개의 만남 되었다네
〈천 개의 그리움, 전체 인용〉

빗물로 슬픔을 떠나보냈지만
눈물로 찾아드는 그리움

내렸던 빗물 내리는 눈물
땅에도 스미지 못하고
강물에도 섞이지 않으며
바다로만 내달리고
〈흔들리는 그리움, 일부 인용〉

가시에 찔리는 두려움을 피해
낯선 땅으로 떠난 고슴도치
고독 안고 산을 흔드는 소리 들어도
허기 달래며 홀로서기 해야한다

넘어져도 일어서기 반복하는 아가처럼
찔려도 몸의 살갗 가죽 되도록
사랑하는 연습을 거듭했다

투박한 질그릇 도자기로 다듬어지듯이
고독을 이겨내면 고운 삶이 될 테니까
아가처럼 다가오고 엄마 아빠 되어주는
사랑의 방패, 고슴도치의 가시
〈고슴도치 홀로서기, 전체 인용〉

_____ 님께

년   월   일

_____ 드립니다.

도서출판 샘문

천 개의 그리움을 보낸다

필사하는 시인 최성학 서정시집

시詩, 필사의 산고로 낳은 나의 자식들

모든 인간에게는 최고의 운명이 있다는
오프라 말이 가슴에 박혔습니다
나는 얼마만큼 가능한가에 대한 판단인 메타인지를 아는
일도 중요합니다

싫은 독서나 좋아하는 운동도
하루에 네 시간 이상 집중하기 힘듭니다
가장 느린 독서인 필사는
제일 오랫동안 집중할 수 있었습니다
내게 맞는 독서방법이란 걸 깨달았죠
하루 여덟 시간의 필사를 시작했습니다
일 년쯤 지나가고 있습니다
처음에 무엇을 필사할까
위대한 책은 무엇일까 생각했습니다
노벨상 소설책을 필사했습니다
올해부터는 성경도 필사하고 있죠
전에는 재미없던 구약, 신약의
누가 누굴 낳고, 누가 몇 세를 살고 등이
의미있게 다가왔습니다
성경 포함해 하루에 열 장쯤 필사합니다
소설책도 성경도 나무늘보처럼
느긋하게 필사하면 정말 흥미롭습니다
한 편의 재밌는 드라마를 보는 것 같죠
다양한 인물들을 만났습니다
현실에서 사람을 만나지 못함을

시인의 말

보상하고 잊게 해줍니다
위대한 인물, 다양한 성격을
눈치 보지 않고 만날 수 있죠
이 얼마나 멋진 일인가요

물론 고통도 있습니다
어깨, 팔꿈치, 손가락이 아픕니다
이때는 좌우 손을 번갈아 더 느리게 쓰죠
언제까지 필사를 할지는 모릅니다
시를 쓸 수 없을 때까지
체력이 있을 때까지 쓰고 싶습니다

필사하는 시인의 시는 대부분
산고를 통해서 낳은 시인의 자식들이죠
독자들을 만나서 사랑을 받았으면
얼마나 좋을까 생각합니다
영혼에게는 벽도 문이기에 염려는 없습니다
외려 필사적으로 필사에 몰두하고 싶죠
영혼이 육체를 통해 지상을 경험하고
교훈을 얻듯이 말입니다

운동과 독서로 영혼을 살찌게 하고 싶죠
무극 운동과 무진 독서는 시인에게 있어서 "무이"입니다

"언어를 통한 영혼의 연금술, 시간을 초월한 연금술로
만물을 꿰뚫어 궁극의 하나에 이르고 싶습니다"

2021. 03. 15.

최 성 학 드림

시집을 준비하면서

길 없는 곳에서 진정한 여행은 시작되듯
참 사랑도 인연이 다한 끝에
다시 시작된다고 한다
거친 호흡이 끝나가는 지점에서
아름다운 근육이 발달하듯이
시상이 소멸되는 곳에서
진정한 시인의 삶은 출발한다고 한다

삶의 갈증에 목을 축이며
목마른 사랑을 해갈하고자 했다
거친 세상에 맑은 샘물이 되고 싶었다
시는 홀로 만족하는 한계를 넘어
읽는 이들의 마음을 건드리고
가슴에 녹아들어가야 한다고 생각한다
시상이 떠오를 때 토해냈다

공감각을 찾아내려 심연을 헤매었다
운율에서 음악을 찾아내려고 애썼다
싯귀에서 색깔을 보여주고 싶었다

책 읽기를 하면서 시에 맞는 시어와
내 감정을 찾아 나갔다
나를 객관화시켰다

시인의 말

사물이 내게 말을 걸어오기를 바랐다
시대정신과 보편적 가치를 부여하려 애썼다
좋은 스승을 만나는 일은 일생의 행운이다
퇴고의 연속성은
좋은 스승으로 안내하는 길이라 생각했다

눈을 감고 상상력의 끝까지,
지상에서 우주까지 정신을 확장하고
영혼이 숨쉬는 곳까지 가보려고 애썼다
호흡의 마지막까지 노래해보고 싶었다
용광로에서의 연금술보다는
평범한 일상에서의 연금술로
만물을 아우르는 시어들을 찾고 싶었다

2021. 03. 18.

무이 최성학 드림

최성학 서정시집

천 개의 그리움을 보낸다

시인의 말 : 시詩, 필사의 산고로 낳은 나의 자식들 ……… 4

시집을 출간하면서 : ……………………………… 6

1부 하늘의 피아노
그냥 슬퍼하자 ……………………………… 14
삼나무 숲의 인연 …………………………… 16
사랑의 닻을 내린다 ………………………… 17
뱅기 모드의 고독 …………………………… 19
찰나의 사랑 ………………………………… 20
억새꽃 시詩로 눕다 ………………………… 21
몸속에 피는 꽃, 고통 ……………………… 23
순례자의 영혼, 눈꽃 ……………………… 25
첫눈이 내리는 까닭 ………………………… 27
눈꽃 ………………………………………… 28
가을꽃, 억새 ……………………………… 29
하늘의 피아노 …………………………… 30
본향의 기도 ……………………………… 31
겨울 묘지에서 …………………………… 32
동백아씨의 숨결 ………………………… 33
네 생각에 눈물이 나 …………………… 34
행복 ……………………………………… 35
홀로 서는 소나무 ……………………… 36
첫눈이 내리네 ………………………… 37
니가 너무 좋다, 하지만 ……………… 38

2부 세월의 명상

하늘의 꽃 ·················· 40
본향으로 가자 ·················· 41
사랑합니다 ·················· 42
사랑이 왔는데 ·················· 43
반쪽을 찾아 ·················· 44
천국의 선물 ·················· 46
행복한 우주 ·················· 47
사랑이 되어 ·················· 48
빗물은 내 그리움이다 ·················· 49
흔들리는 그리움 ·················· 50
상상하는 시인 ·················· 51
어머니의 겨울 ·················· 52
봄을 기다리는 겨울 ·················· 53
염원 ·················· 54
꿈은 멈추지 않는다 ·················· 55
세월의 명상 ·················· 56
가슴에 나는 학 ·················· 57
어머니는 외로운 잎새 ·················· 58
오래된 명상 ·················· 59

3부 천 개의 그리움

세월 ·················· 62
새싹을 깨우려는 종소리 ·················· 63
민초들의 삶 ·················· 64
마라의 기도 ·················· 65
창조적 진화 ·················· 67
응급실 ·················· 68

매일 죽게 해주십시오 ·················· 69
연시軟柿 ······························· 71
통일 아리랑 ························· 72
봄과 고드름 ························· 73
길을 잃은 시어詩語 ···················· 74
천하절색 매향이 ······················ 75
이해할 수 있는 사랑 ·················· 76
어머니 ······························· 77
섬 ···································· 79
천둥소리 ····························· 80
바람의 노래 ························· 81
가을이 오면 ························· 82
천 개의 그리움 ······················ 83
해후 ································· 84
심장 ································· 85
사랑 ································· 86

4부 봄이 삶에게

입춘과 입 맞추다 ···················· 88
꿈은 속삭인다 ······················· 89
그곳으로 가야 해 ···················· 90
하늘 편지 ··························· 91
샛별 보며 밭으로 ···················· 92
초월의 꿈 ··························· 93
황혼의 바람 ························· 94
봄꽃이 봄에게 ······················· 95
봄향 ································· 96
고드름, 봄을 껴안다 ················· 97
어머니의 매화나무 꽃 ················ 98
무덤꽃 ······························· 100
동백꽃 봄을 품어 ···················· 101

님을 찾는 봄비 ···································· 102
낙화 ··· 103
시의 사랑 ·· 104
꽃비늘 삶 ·· 106
신의 사랑 ·· 107
잊혀질까, 시월의 사랑 ························· 108

5부 하루살이의 고분

하루살이의 고분 ··································· 110
가을 소나기 ··· 111
매미의 갑옷 ··· 112
성장의 대화 ··· 113
많이 미안해하며 살기로 해요 ················ 114
폭풍의 여인을 그린다 ·························· 116
나눔의 끈 ·· 117
견우는 직녀만 있다 ······························ 118
인생 동반자 ··· 119
사랑의 눈 ·· 120
달의 사랑 ·· 121
연어 돌아오다 ······································ 122
영혼의 성장 ··· 123
봉오동 전투 ··· 124
개미의 전투 ··· 125
폭풍의 언덕으로 달려가자 ···················· 126
고슴도치 홀로서기 ······························· 128

6부 치유의 숲

추억의 숲 ················· 130
천 년 바위 ················· 131
무경계 ················· 132
소나무 숲 ················· 133
찰나에 살다 ················· 134
영혼의 사슬 ················· 135
가을장미의 순결 ················· 136
사막의 숙명 ················· 137
그대의 종이 되겠소 ················· 138
추석에 가족을 그리다 ················· 139
행복한 영혼 ················· 140
사랑비 ················· 141
애기동백꽃 지다 ················· 142
숲 길에서 ················· 144
치유의 숲 ················· 145
영혼의 별자리를 찾아서 ················· 146
야생의 도시 ················· 148

시집 출간을 마치며 ················· 150
평설_실험정신의 공간과 존재 사유 ················· 지은경···151

1부
하늘의 피아노

그냥 슬퍼하자

가슴이 슬픈 날은 그냥 슬퍼하자
그보다 더한 날은 목 놓아 울어버리자

그렁한 눈물 많던 유년시절 밟고서
예순을 넘으면
실바람에도 눈주름 이슬로 채우니
아픔인지 슬픔인지
가슴 안으로만 삭였더라

뒷동산에 엎드려 죽어간 여우가 있었던가
어느새 고향에 돌아오니
초겨울이 나뭇가지에 앉아
애잔한 눈길로 나를 바라보면
주마등처럼 지나가는 신록들이 보였지만

풀보다 먼저 저버리는 꽃들이
저마다 저를 보라고
마당에서 활짝 미소를 터트렸네
매화꽃은 어머니의 강인함으로
국화꽃은 누이의 눈웃음으로 추억되었고
수국꽃은 하늘의 혼으로
심장이 정지한 몸에서 숨결로 피어났었지

샘물로 영혼을 축이며 꿈은 자랐고
희망은 홰를 틀어 행복을 낳았지
둥지를 깨고 나온 나비의 날갯짓에
대지는 생기가 돌았고
하늘은 울음을 터뜨려 산야를 적셨지

마음이 무너진 날은 그냥 무너져버리자
그보다 더한 날은 목을 허공에 놓아버리자

삼나무 숲의 인연

바람을 맞은 솔가지들
쌓인 슬픈 산하

껍질과 하나였던 나무 벌레의
아름다운 낙하

삼나무 길의 평행선에서 만난
바람의 숲에 연 오르듯

두 인연은 벌레와 삼나무 솔가지와 바람이
뒤섞인 자연의 삶을 닮았네

아름슬픈 삶을 이해하고 감내하며 사랑했으며
애달픈 인연은 행복 했었네

바람을 맞은 솔가지들
아름다운 낙하로 이별을 고하네

사랑의 닻을 내린다

사랑의 닻을 내린다
바다에 닻을 내리고 싶다
도시의 항구로 떠났다가
세이렌의 유혹에 무너지고
거센 파도에 처절했으나
이제는 닻을 내린다
그대 바다에

가슴에 닻을 내리고 싶다
탐욕의 아귀를 쫓아내고
매끄러운 장어가 뿌리는
욕정의 씨앗을 뿌리치고
이제는 닻을 내린다
그대 가슴에

섬에 닻을 내리고 싶다
이역의 해녀가 손짓해도
귓전에 속살거리던
인어의 숨비소리를 뿌리치고
이제는 닻을 내린다
그대 섬에

사랑에 닻을 내리고 싶다
열정으로 헌신하고
다른 꽃들에 눈감으며
순수의 친밀에 감사하고
고결한 심장에 나를 가두어
이제는 닻을 내린다
그대 사랑에

영혼에 닻을 내리고 싶다
하늘구름을 나룻배 삼고
별빛파도를 돛으로 삼아
은하를 항해하며
이제는 닻을 내린다
그대 영혼에

*세이렌: 바다의 님프

뱅기 모드의 고독

비행모드를 누르면
다른 고요의 공간으로 나는
순간 이동 한다

아무도 들어올 수 없는 경계
고독을 사랑하고
홀로 사유하고
홀로 가장 멋진 소설을
필사하며 나무늘보처럼 새기며
느긋하게 공감각으로 본다
늘 기다려진다
충만감이 채워진다

뱅기 모드의 환상계를 빠져나와
현상계를 엿보러 갈까
세상 사람들이 분주하네
심심하고 허무하다
무기력해진다

나는 다시 비행모드를 켜고
시공으로 순간 이동한다
고독이 동행한다

억새꽃 시詩로 눕다

가을이 낙엽 위에 잠들고
바람이 억새에 안기면
흔들리는 꽃들이
끝에 다다르듯이
흔들리는 삶도
어딘가에 피안이 있을 테요

연인은 마주 보며
"억새꽃의 삶이야말로
바람의 시詩 구나"하며
꽃을 흔들었죠

흘러가는 사람들은
"두 연인이야말로
대자연의 화양연화로다"하며
인생과 삶을 노래했고
손을 흔들었죠

바람을 초대한 억새꽃과
연인의 사랑을 키운 들판은
첫날밤에 흰 눈 쌓이길 바랬고
모두가 섞여 하나가
되기를 기도했죠

"모든 인연들"을 하얗게 안고
대지의 삶들이 붉어가는 자연은
그대로 아름다운 시詩였죠

향기가 바람을 흔들고
억새가 노루 등을 달려
하늘을 몰아온 구름 들판은
연인에게만 빗장이 열리는
비밀의 궁전이 되었죠

그렇게 억새꽃의 연인은
자연의 품에서 눕고
꿈속의 들에서 시로 잠들죠

몸속에 피는 꽃, 고통

고통은 내 몸속의 꽃 피와 살을 연료로 불꽃을 일으키고
호흡 따라 갈라지는 세포들 신의 입김으로 불어보라
찢기면서 어찌 단단해지는지
시련 겪어 강인한 붓꽃처럼 고흐의 아름다운 꽃이 되었다

고요를 견딜 만큼 견디다가
아픔을 견딜 만큼 견디다가
피어나지 않고는 견딜 수 없을 때
몸은 나무의 줄기와 잎 속을 깨뜨리고 고통을 빠져나와 꽃이 되었다

빨리 포기 않기 위해 통증을 참아내며
죽음을 경험하는 곳에서 세포잎 하나, 둘, 셋 시나브로 꽃이 되었다
일찍 시들지 않기 위해 시간을 붙들어 이슬처럼 머금고
열매에게 공간을 내어주며 영원의 꽃이 되었다

이제껏 여러 꽃들이 세상에 피었어
숲에는 나무들이 꽃으로
도시에는 사람이 꽃으로
내 몸에서도 고통이 꽃으로 피었어

전에는 몰랐었어
고통이 몸속에서 꽃으로 피는 것을
고통을 사랑하기로 했어
그 꽃을 사랑하지 않고는 사랑을 알 수가 없었어
사랑을 할 수가 없었어
아니, 살아갈 수가 없었어

언젠가 이리 말했어
통증의 딱지를 떼어내고 멍하다가
"이제는 살아갈 수 있었다"라고

순례자의 영혼, 눈꽃

이끼바위를 붙든 나목
삶이 바람에 흔들리면
홀씨에 영혼을 실은
고요한 순례자여
미래의 여행을 준비하게나

시공을 초월한 아득한 곳까지 날아가
궁전의 전설 같은 추억에 말을 건네고
영혼에서 퍼낸 향수의 파편들
맞춰보게나

아마 그랬겠지
하늘의 궁정에서 별보다 사랑했으니
지상의 정원에서는
이슬처럼 반짝였겠지

태양의 날갯짓 아래
내일도 햇살이 그대를 비추면
하늘과 땅 사이에서
눈꽃처럼 살아가게나

햇살에 녹아내리면 홀씨의 영혼을 품고
바위의 이끼를 덮으며
눈꽃처럼 살아가는 순례자여
미래의 여행을 준비하게나

찰나의 사랑

그렇게 시작 되었지 별빛 사랑은 운명처럼
지상 티끌의 존재들에게 불티와 재처럼 얽히어
서로의 향기로 눈동자에 취하고
불붙는 욕망을 우주가 껴안고 고뇌하였으나
신이 허락한 사랑은
모래알을 조갯살로 으깨는 고통이지

은하들은 하나로 엉켜 끝없은 사랑을 할지라도
순간 몸부림 속에서 쾌락은 찰나이며
새 별의 탄생을 위하여 세포의 죽음을 무릅 쓴
육체적 쾌락의 끝은 찰나의 빛처럼 허무하여
애절한 별빛으로 남았으니
욕정은 자욱한 먼지에 불과 하리라

그렇게 끝나 버렸지
별빛 사랑을 운명처럼 양피지에 기록했던
지상 티끌의 존재들에 추악한 욕망은
신神의 벌로 먼지로 흩어져 버렸지

첫눈이 내리는 까닭

첫눈을 내리는 까닭은
계절의 흐름을 확인하기 위해서가 아니다
겨울과 가을의 시간을 가르기 위해서도 아니다
하늘과 땅이라는 공간이 있기 때문이 아니다
우리 사이에 거리가 있기 때문만도 아니다
너와 나의 추억을 알고 있기에 내리는 것이다

너와 나의 추억을 향기롭게 하려고
첫눈이 내리는 것이다
너와 내가 왜 존재하는지를 알기에
첫눈은 내리는 것이다

그 추억이 희미해졌을 때에는
그 추억을 기억치 못했을 때에는
그것을 기억해 내라고 내리는 것이다
첫사랑을 잊지 말라는 것이다

너와 나의 흔적들이 햇살에 부서진다
사랑을 하지 않았을 때는 내리지 않았을 것이다
그 이유는 너와 나의 사랑이 첫사랑이기에
첫눈으로 내리는 것이다

눈꽃

꽃들 정원에 떨어질 때
인고의 세월 수놓은 겨울 눈꽃

강변의 봄꽃을 건너 파도치는 해변을 뛰고
억새의 들녘을 달려 하늘의 이슬로 날아든 꽃
계절의 꿈들 만나고 싶어 매화 향에 취한 장미
천사의 가을꽃과 세상을 비행하였지

매화 향 질투한 장미, 국화 향을 흩었으며
거리에 눈꽃이 얼었고 서로에게 상처를 토해
진탕이 되었구나

하늘의 화원을 가꾸고 사랑을 갈구하는 꽃
세상을 하얗게 덮고 붉은 혁명을 꿈꾸는 꽃
좌절의 삶을 안고 순례자의 혼魂으로 피는 꽃

천상에 이야기를 가지고온 설화雪花
지상의 가장 순백한 겨울 눈꽃

가을꽃, 억새

한 움큼의 애절한 바람
잔향을 머금고 토하는구나

돌아온 뜨락에 별빛을 어깨에 두르고
손짓하듯 춤추는 임 그림자

겨울 허리를 잘라 달빛에 드리우고
허공에 새기는 그리운 얼굴

인연의 굴레 얽혔고 오래도록 보고파
심장에 붉게 피워낸 가을꽃

눈 깊은 곳에 품었으며
무릎 꺾어 꿇고 엄지발 끝까지 시리도록

한 움큼의 사무쳤던 기도
꽃 향을 머금고 토하였구나

하늘의 피아노

하늘의 건반 영혼의 허리를 휘두르고
감정의 심연을 사로잡아 공기를 두드리면

떨리는 선율은 시인의 가슴을 점령하고
순결한 서정시 뿌리 깊은 욕망을 해방시킨다

자연의 건반을 솔잎으로 치니
숲속의 음악은 사랑을 속삭인다

창공을 두드리면 양떼구름 모여들고
파랑새들 노래한다

천상의 건반이 보름달을 두두리니
별빛이 쏟아진다

감동하는 영혼들 있어 세월은 춤추고
지나던 빗줄기가 운다

본향의 기도

따뜻한 심장 식어 흙으로 돌아가면
땅의 씨앗들 인연보다
살 비늘 먼지 되어 자유하리라

살 향기 품은 비바람 구름 하늘 날아다니다가
구슬피 내리더니 몸 깊게 스미네

뼈에 사무쳐 피꽃이 피어나도록
심장을 수놓는 기도 속절없구나

흙으로 꽃 피운 생령 되돌릴 수 없는 창세기
바퀴와 살로 얽힌 이승살이
하늘에서 사슬을 풀고 천국에서 자유하리라

살 비늘은 태양에 녹고 피 먼지를 품은 비바람
하늘 날아다니다가 구슬피 내리네

피와 살 없이도 영원한 생령
되돌릴 수 있을 묵시록

겨울 묘지에서

까치는 창공을 날고
뭉개구름은 하늘을 흘러간다

쇠스랑은 묘지에서 농부의 팔을 들고
죽은 나뭇잎 걷어내고 있다

삶이 교차하는 언덕에 무덤의 기운이 서리고
봉분은 젖무덤처럼 오래도록 솟아 있겠구나

바람의 아들이 되어 천국을 여행할 때도
구름을 향해 누운 헛된 욕심 부질없으리라

한없는 시간 되새김질하며 하늘을 쳐다보며
무상한 세월이었다 눈물짓겠지

자유의 영혼이 되어 훨훨 날으라
그대 곁에 머물러 넋魂 위로하는 기도

동백아씨의 숨결

들판에 야생녀 동백아씨들
어디서 홀씨로 날아들었는지
붉은 저고리 젖히고 유혹하네

어린 아씨를 사랑하나?
동백을 칭칭 감아 도는 가시나무를
낫으로 일획에 사지를 잘라내니
출애굽한 동백아씨의 숨결

피부를 파고드는 가시덩굴
속박에서 벗어나니
인사하듯 동백은 바람에 흔들리는데

한 편에서는 선善이나
다른 편에게서는 악惡한 고통들
내 편을 위할 때 남의 불행을 눈 감는다는 회개

낫에 잘려나간 그들에게 응답을 못 듣는다면
동백꽃이 흐드러져 화답을 줄까?
출애굽의 신은 어떤 잠언을 주실까?

네 생각에 눈물이 나

방안에 들어와
소파에 털썩 앉았어

잠깐 잠이 들었는데
온통 네 모습만 보여

부드러운 목소리를 담은 얼굴
네 생각에 마냥 행복했지

잠에서 깼어
하얀 이마 아래 아직도 붉은 입술에
더 짙은 까만 눈동자

네 생각이 방안 가득히
너와 난 항상 같이 있어

환영이 껴안고 맴돌아 하나의 영혼으로
우린 한 몸이었나 봐

행복

나는 밤마다 꿈을 봅니다
봄날의 유채꽃처럼
미소 짓는 그대 얼굴을

나는 매일 눈동자를 그립니다
여름날의 수국꽃처럼
잔잔한 그대 눈망울을

나는 때때로 시를 씁니다
가을날 국화꽃의 이슬소리처럼
귓전에 속삭이는 그리움을

나는 찰나마다 삶을 느낍니다
겨울날의 눈꽃처럼
눈물 어린 몰아의 인생을

나는 세월의 시상을 꽃 피웁니다
즐거운 고독의 심연에서
사계의 꽃 같은 행복을

홀로 서는 소나무

마당 귀퉁이 홀씨로 날아와 둥지를 튼
작은 소나무 하나
겁에 질린 채 갈색 잎을 붙들고 있네

푸르른 줄로만 알았던 사시사철 곧은 소나무도
모진 추위에 흔들려 삭풍에 뿌리가 시리더니
솔잎이 빛을 바랬구나

키 큰 매화 등걸을 의지하려 곁으로 다가가는데
밀어내는구나
나이 많은 매화도 등골이 드러나
의지할 곳 찾고 있었다네

오호라, 세상은 홀로 서기 어려우니
서로가 필요한 꽃이 되자 동무가 되자
서로의 삶을 사랑하자고
소나무와 매화가 등을 맞대네

첫눈이 내리네

가을 겨울이 손 꼭 잡을 때 첫눈이 내린다
장독대 손 모은 어머니 마음에도
황량한 대지의 가슴에도
새색시 발소리처럼 사뿐사뿐 내리네

붉은 잎에 무서리 내릴 때 첫눈이 내린다
삭막한 나목의 가지에도
삭풍이 부는 계곡의 바위에도
하얀 눈꽃으로 살포시 내리네

까까머리 하늘 입 맞출 때 첫눈이 내린다
첫사랑 가슴 두근 소리에도
겨울왕국 속 아이의 동공에도
범종 소리에도 애절히 내리네

가을겨울 하나 가슴 될 때 첫눈이 내린다
발걸음 소리에 조용히 귀 열고
새벽종 소리에 고요히 꿈꾸는
아기의 심장 소리에도 소곤소곤 내리네

니가 너무 좋다, 하지만

살짝쿵 그대의 정원에 갔다가
안타까움 접고 주변만 뱅뱅돌았다

눈 마주쳐 늪에 빠져버려
발버둥할수록 수렁 깊어간 사랑
살그래 보러 갔다가 마주할 뻔
마법에 다시 걸리기 싫었나 보다

한 번 보고 못 만나고 살아가는 사람도
못 만나고 맺혀지는 영혼도 있다

살짝 보러 갔던 바보의 짝사랑은
그냥 가슴으로 손흔들고 돌아왔다
마법에 다시 걸리기 싫었나 보다

2부
세월의 명상

하늘의 꽃

발자국 소리를 밟으며
그대 뽀드득 오는 밤
소금 같은 별빛을 뿌리는 천사들
숲으로 내려앉고

지상의 호수에 매혹된 나르시스트
천상의 별빛은 눈 사랑에 푹 빠져
가슴의 별이 되었다네

고요의 소리로 눈꽃 세상을
달음질하는 달빛도 솜털 바람을 껴안고
우리 두 사람 솜사탕 사랑을 만지면
심장이 쿵쾅 거린다네

눈꺼풀 두드리며
이슬의 동공을 들추는 햇살은
하얀 정원에 재잘대고

하늘 눈꽃의 향기를
뜨거운 심장에 가득 채워
눈시울 적시는 속삭임
그대 사랑이여

본향으로 가자

사랑하는 두 사람
눈물이 아파도

천 개의 그리움
아름답고

천지의 슬픔
허공으로 흩어지면

하나만의 사랑을 만나리라
본향에서

사랑합니다

당신을 사랑합니다
당장 힘들다 해도
당신만을 사랑합니다

당신 곁에 있겠습니다
깊은 상처다 해도
당신 곁에만 있겠습니다

다른 이에 의해 만날 수 없어
다시 아프다 해도
당신만을 그리워하겠습니다

이별 같은 것이 찾아와
아주 슬프다 해도
아름다운 사랑을 간직하겠습니다

반추되는 행복한 날들
끊임없이 사랑은 이어질 겁니다
죽음도 끊을 수 없는
영혼의 사슬로

사랑이 왔는데

어느 날 사랑이 찾아왔는데 나는 몰랐다
얼마나 오래되고 진실되고
단단한 사랑이었는지
그게 그런 사랑이었는지를

그렇게 운석 돌처럼
오래된 사랑이
내게 하늘색 나비처럼
어떻게 날아들었을까

아득한 곳에서 수많은 시간을 넘고
공간의 차가움을 견디며
암흑의 경계를 넘어서
따스한 연정으로 왔을까

스스로 물어보라
사랑이 저절로 오는 이유
사랑스런 말을 하면
내가 사랑이 된다
사랑스런 행동을 하면
내게 사랑을 준다

반쪽을 찾아

천궁의 창문을 닫아
위 궁창과 아래 궁창에
나누어진 영혼

가까이 갈 수 없어
공전만 하고 중력으로
쌍성의 태양이 뜨는 곳

우리는 반쪽
좌우인지 앞뒤인지
심장 두 동강
마음 두 조각

두 영혼의 비밀은
가슴 미어져도
그리워만 하는 것

나머지 쪽을 갈망하고 찾아
지상을 헤매며 방랑하고
우주를 여행하는
광활한 길

위아래 궁창 합궁하고
천궁의 창문 열리면
하나의 영혼으로
태어날 두 인생

천국의 선물

항상 받았던 선물
깊은 호흡은 명상으로 따뜻한 가슴을
내게 준다

매일 받은 선물
잠에서 깨어난 몸은 새벽을 움직인다
귀로 새소리를 듣고 발로 여행하며
눈으로 책 읽고 혀로 달콤함을 맛보니
일상의 행복을 내게 준다

오늘도 받는 선물
감사의 언어는 아름다운 입술에
영원한 세상을 내게 준다

언제나 주고받고 싶은 선물
심연의 영혼은 본향의 믿음으로
그를 한결 같이 사랑하리니
그대 영혼은 천국 사랑을
내게 주리라

행복한 우주

아득한 꿈의 우주 속
혜성의 불꽃을 쫓아
찰나의 여정을
불태우는 여신이여

정염의 눈동자
무한의 궤도를 이탈하고
눈망울에 이슬 피어나는
사슴 같은 피안의 눈물

고독의 강물 흘러
그리움이 심연에 찰싹일 때
시간의 조각들
몸 주름 되고

아기의 우주 탄생을
인생들 감탄할 때
세상의 포구에
행복의 닻을 내리는
정열의 여신이여

사랑이 되어

보고 싶다 하거든
오작교의 견우가 되고

그립다 하거든
피아노 소리가 되며

기다린다 하거든
직녀의 날개가 되어

더 보고 싶다 하거든
구름을 몰아가는 바람이
비처럼 쏟아지는 별빛이
첫눈의 애절함이 되라

또 그립다 하거든
날갯짓하는 눈 폭풍 속으로
달음박질하는 사랑이 되라

그래도 기다린다 하거든
더 멀리 보내기 위해
더 아파야 하는
사랑의 종소리가 되거라

빗물은 내 그리움이다

빗물이 되어 그리움을 전하는
사람을 찾아간 나는
우산으로 막아서지만
그는 말없이 떨어지며
울먹이고 있었다

쏟아지는 만큼
그리움이 커갔다
낙하의 빗물만큼
그리움도 더 커졌다

그리움이 사랑이고
사랑이 그리움이다
세상에 내리는 모든 빗물은
내 그리움이다

흔들리는 그리움

빗물로 슬픔을 떠나보냈지만
눈물로 찾아드는 그리움

내렸던 빗물
내리는 눈물
땅에도 스미지 못하고
강물에도 섞이지 않으며
바다로만 내달리고

깊숙한 심연에 가라앉아
누굴 기다리고 있었는데

바닷속에 웅크린 그리움이
폭풍우에 솟구쳐
파도에게 소리친다
그리움은 내 몫이니
흔들지마라고

상상하는 시인

그리움 반짝이는 밤하늘
시인은 사랑을 짓고
별님을 노래하며
시를 상상하노라

심장은 붉은 별을 마시고
가슴은 은하를 삼켜
부풀어 우주로 가는 몸

그리움의 세포에 은하를 심고
시인의 심장은 별꽃을 키우고
사랑을 토해낸다

별빛이 바다에 빠지고
우주 지평선으로
끌려가는 밤하늘
밝은 아침 태양은
새 시인을 낳으리라

어머니의 겨울

겨울바람 전선줄 휘두르며
휘바람 비명소리로
가슴을 때리는데

다닥다닥 쪽방길 내려오매
산길 오르는 몸 편한 등산객들은
북풍을 피한 이들인가?

구공탄 없는 쪽방살이
삭풍은 살얼음처럼
문풍지를 갈기겠지

홀로 자식 걱정
정든 집 못 떠나는 어머니
어찌 스스로 모질게
채찍질 하시는지요

겨울바람은 겨우내
귓전에 비명소리
질러대는데

봄을 기다리는 겨울

봄 하늘 멀리 푸르고

산등성 허리

나무 뼈 가시에

바람이 시리다

염원

태산에 올라 인적 없는 산촌의
서러운 마음 호소하니
하얀 구름은 날고
푸른 솔향은 온몸을 가득 채워
마음을 위로하네

나뭇잎 사이 햇살은 은은하게
머릿결 어루만지고
별은 하늘에서 뜨고 지고
달은 생멸성쇠를 내게 전하니

목마름 씻고 노래를 불러
하늘 염원을 실어 나르고
근원을 돌아보고
무심의 본질을 꿰뚫어
허허로운 자 되리라

우연을 쌓은 운명처럼
하루하루의 인연 쌓아
인생 빗장을 열어 가리라

꿈은 멈추지 않는다

낙엽 그대가 지더라도
임의 꿈은 멈추지 않는다

봄날에 임 목소리 속삭였고
봄바람의 살 내음도 잎새에 깃들었지

여름날에는 폭풍들도 임의 뿌리를
흔들고만 지나갔어

가을날에 도회의 거리에서
임이 밟힐 때도 아름다운 소리가 들렸지

겨울밤 잠든 임 빛에서 격리되어
나무와 작별하고 시련을 격었지만

낙엽 그대가 지더라도
임의 꿈은 결코 지지 않는다

세월의 명상

세월로 키워낸 사랑니
입술을 밀어 올리면 눈가의 주름은
사막의 호수 물결로 일렁이고
하회탈 같이 웃는다

홍채 안 반짝이는 날숨은
심연 속, 만 가지의 언어를
눈 세포에서 몸 밖으로 내보낸다
안개구름의 정령처럼 지상에서 우주로

동공 안의 들숨은 뇌의 깊숙한 곳으로
동공 밖의 날숨은 수도승의 긴 숨으로
거인의 숨골 열어 탄생하는 의식은
무의식의 영혼까지 불러오는데

눈 안에 스며드는
바람의 소망을 안고
바위의 인연을 떠올리며
달 아래 숨 쉬는 달항아리

가슴에 나는 학

학 한 마리의 날갯짓
외로운 깃털로 떨어지니
아쉬운 그리움이 산을 넘어
만 리를 날아가네

춤추는 낙엽들 산천을 따라
노랗게 붉게 등불처럼 하늘거리며
흔들리는 가슴들마다
세월은 화살에 눈물 떨구고

날마다 자라온 학 한 마리
가슴에서 천 년을 자라
웅비의 날갯짓
호흡마다 산천을 넘나드네

어느 시공에서 그리게 만나
두 손 꼭 잡고
창공을 날아오르는 두 학은
만 리를 날아가네

오래된 명상

우주공간 달팽이 피로를 내뿜고
팽창하는 영혼의 꿈을
태초의 별 하나가 들이킨다

별빛을 풀무질하고
몸을 태우는 시간에도
호흡은 불꽃을 붙잡고 있었다

정욕의 잔가지들을
어쩌지 못하고 솟구치는
육신의 스멀거림을
정신의 가려움을

만다라의 영롱함을 취하고도
죽음의 눈앞에서
호흡은 그림자를 붙잡고 있었다

티끌 같은 목숨을
어쩌지 못하고 솟구치는
태산의 번뇌를
만물의 피곤함을

바다는 이빨을 드러내도
하얀 항해를 꿈꾸었으며
파도의 두려움에 맞섰고
인생의 절망을 허공에다 버렸다

어머니는 외로운 잎새

시골 어머니 혼잣말 많아졌다
들고양이와 꽃, 파, 새도 친구다

"고양아, 왜 왔어, 너 먹을 것 없는데
매화야, 예쁘게 꽃피워 네 향이 참 좋다"
앞마당의 파에게도 새에게도 속삭인다

"파야, 잘 크거라
시인 아들이 파를 아주 좋아 한단다
새야, 네 노랫소리 참 아름답구나"

이름 모를 새 화답하듯 가지서 지저귄다
노래일까 울음소리일까
마당 뜰에 널부러진 매화 잎
임을 향한 진혼곡인가

세월 무자비 흘러 외로움 늘었구나
늙은 매화 외로운 잎새의 기억 같구나
어머니의 혼잣말 점점 희미해지고
새도 더 이상 울지 않으리라

3부
천 개의 그리움

세월

검은 번뇌와 함께
아미타불 까까중 아이들
흰머리 할아비가 되었다네

시간은 머리에 숨었다가
흰 머리로 세월을 드러내니
세월은 머리카락에 앉아
아리랑을 부르네

우리는 노랫가락을 들으며
흰 머리카락을 뽑아내고
세월을 불러세우네

번뇌의 시공을 누가 초월하랴
굽이치는 물결처럼
세월은 겨울로 흘러만 가네

새싹을 깨우려는 종소리

산마루의 숲속에
가을 단풍이 쌓이고
사랑의 춤사위는
굼벵이 삶의 번뇌로다

깨치려고 계곡물에
정수리를 담구는 영혼아
힘겨운 정신은 달팽이의 껍질에 갇혀
낙엽에 뒹구는구나

바람에 나는 단풍은
사슬이 뒤따르는
영혼의 상흔이로다

생명의 빛은
새싹을 깨우려고
푸른 종소리를 보낸다

민초들의 삶

소슬한 바람이 들녘의 가을을 흔들어
억새의 속살들 외롭고
황혼의 햇살은 구름 속에서
깃털처럼 난무하다

머리와 석양 사이에 높이 나는 새소리
황금빛으로 저물어 가는데
숲은 침묵하고 시장과 길거리에서는
요란스런 삶이 날개를 친다

덜 행복하거나 더 행복해도
앞서거니 뒤서거니 비등함 속에서
상대를 위하고 탓하는 듯
한바탕을 살아간다

불현듯 희망하여서
시린 삶이라도 다시 불어준다면
소슬한 바람이 들녘의 가을을 흔들어도
억새의 속살들 따뜻하여라

창조적 진화

척추뼈 일자로 펴니

다리뼈 팔뼈 되었고

골반뼈 붙은 세월

조상뼈 대대로

당겨왔었지

마라의 기도

고단한 영혼아
사막을 걸어가다가
누구라도 만나거든 물어봐라
오아시스를 하늘 아래
어디에서 찾을 수 있냐고

사막 모래가 길을 덮쳐와도
폭풍의 언덕에서 침묵하다가
울고 부르짖었더니
기도 소리가 땀방울 되어
모래에 떨어졌네

그대 영혼이 두려울 때 기도하고
한숨이 날 때 춤추면
황홀한 천상의 입맞춤이
만물과 만인에게 합일하여
호흡마다 사랑 가득하겠네

마라의 쓴물은
목마른 사람을 기다려
단물이 되고 싶어서 기도했고
지친 육신은 영혼의 샘물을 찾았다네

가을의 이슬을 마신
맑은 정신의 독수리는
희망의 나뭇가지에서
날개를 쉬고 있구나

고단한 영혼아 사막을 걸어가다가
누구라도 만나기를 꿈꾸고
오아시스 안 보이는
흑암의 사막에서도
날개를 펼쳐라

현실의 지상에 태어난 코로나도
고대 양피지에 기록된 마라이리니
허락하신 신의 섭리는
마라의 샘물처럼 쓰지만
사막의 모래바람 지난 후
오아시스의 물결은
태양을 품었더라

매일 죽게 해주십시오

새로운 날을 주시려거든
낡은 해와 달이
나의 영혼과 육신을
지배하지 않도록
매일 죽게 해주십시오

날이면 날마다
새 삶을 가꾸며
새 희망을 꿈꾸고
새 사랑을 춤추며
새 세상을 노래하도록

과거의 아픈 기억들을
어제의 일처럼 전부 소멸해주십시오
남겨진 쓴 상처들을
모두 잊게 해주십시오

그러니 오늘 내일도
행복한 기억만을 갖게 하려거든
허파를 지나는 맥박이
말초신경 종점에서
멈추도록 해주십시오

정수리를 시작하여
욕정의 뿌리를 휘감고
엄지발가락 끝까지
피를 실어나르지 않도록
매일 죽게 해주십시오

응급실

밤샘하는 불빛을 지고
환자를 바퀴에 끌고 가는
백의천사의 손길과
뜨거운 심장들 펄떡이는 곳

어깨 넓이의 침상에 눕고
의자에 엉덩이를 걸치고
무릎 굽혀 기도하지만
절망을 안고서
하루를 쉽게
이별하기도 하는 곳

슬픈 공간과
회한의 시간이 씨줄 날줄
주름살 잡혀 있는 병상
무박 이일 하얗게
날을 밝힌다

병상에 아침 해 솟아올라
새하얀 머리카락 하나
이마를 흘러내렸고
붉은 혈관은 맥박에서 뛴다

연시 軟柿

보고프던 사랑은 그립던 사랑은
한결같은 자리에 머물렀고
떨어져 있던 님은 멀리 있던 님은
고슴도치의 사랑처럼 늘 가까이 있었지

연못가에 앉은 님의 옷자락이 되었는데도
그립고 보고프면
까치가 어깨에 내려앉고
익어가는 추억을 귀에 속삭였지

바람의 향기로 님이 올 때마다
아린 가슴은 뜨거워졌고
폭풍과 비를 섞은 샘물로 몸을 식혔으며
까마귀들 짝지어 춤을 추었지

태초의 사랑이
우연인지 운명인지 궁금해
중력의 소용돌이에 날개를 퍼덕이며
멍하니 하늘만 바라보고 있었지

통일 아리랑

별빛을 지고 가는 고단한 밤에
홀로 지새며 길을 걷는 눈물의 고개
아리 아리랑

땀으로 꿈을 색칠하는 햇살에
황금물결 살랑이는 들길의 고개
아리 아리랑

천지와 한라의 꿈으로 하나 된 독도에
왜놈들 총을 겨누는 통한의 고개
아리 아리랑

통일 되는 꿈으로 눈물 흘리고
사랑으로 사선을 넘는 영혼의 고개
아리 아리랑

아리랑 아리랑 아리리오
우리 함께 손잡고 가세
힘들면 쉬었다가세
사랑의 고개 아리 아리랑 고개
넘어가보세

봄과 고드름

봄이 고드름에게
너를 안고
내가 울랴?

고드름이 봄에게
내가 울면
너가 안으련?

길을 잃은 시어詩語

흔들리는 동공
떨구는 이슬로도
맺지 못하는 내 언어
어디에서 찾을까?

숨가쁜 호흡
파리한 아스팔트에 뱉어내도
말할 수 없는 내 언어
길을 모른다

감정의 울혈
사막의 고독을 외쳐대도
침묵으로만 말하는
내 언어
길을 모른다

싯귀마다 부릅뜬 눈
뇌에 눈발자국 선명해져도
내 언어의 따뜻함을
어디에서 찾을까?

천하절색 매향이

북풍이 불어
봄 같지 않구나
매화야

시샘하는 꽃샘바람에도
홍안의 보조개를 감추고
고결한 자태를 뽐내는구나
매화야

바람의 유혹에 흔들릴 때
너 가시에 찔러
선비의 지조를 낳았구나
매화야

절개를 안고
종다리 사랑 노래 벗 삼아
천 년을 살고 지는
매화야

이해할 수 있는 사랑

원래 오해로 엮어지는
불면의 밤을 지새우기도 하는
이해할 수 없는 사랑

눈빛 하나 때문에
전 생애를 통째로
빨려 들어가 버리는 사랑

영혼을 저당 잡히고
온종일 꽃이 되어서라도
바라보는 바보 같은 사랑

눈부신 한 송이 별꽃
지상에 흩뿌리고
불멸의 별이 되고 싶은 사랑

얼마나 치열한 정염이고
아름다운 허무인가

섬

채워도 채워지지 않는
바다가 있다

섬은 채울 수 없는
바다를 늘
안타까워했다

섬은 그 바다를
안고 산다

어머니

고독을 신겨주신 어머니
달리고 달려 넘어지면
나보다 먼저 일어선 하늘

귀천한 낭군을 그리며
고독의 시간을 뜨게질로
넓은 공간을 따뜻하게 키워왔는데

멀리에서 온 자식별 하나와 별 둘
함께 활짝 핀 웃음
꽃처럼 화사 하여라

백주에 주름살은 풍화되었지만
팔순 나이테
농익은 홍시보다 불꽃이어라

언젠가 회한으로 추억될지라도
세월의 설움도 삶의 아픔도
북망산천 그리움으로
거목의 뿌리를 내리고야 말테다

필사의 고독으로 필사를 애정하듯
그림 같은 시는
온화한 어머니의 얼굴에
미소처럼 웃었는데

아, 아직도 어리광인 양
곁에 있어도 멀리 있어도
그리워서 불러 본다
엄마
어머니

천둥소리

천둥은 심장을 갈기고
번개는 정수리를 친다
두렵던 생명의 끈 내려놓으니
천둥은 허공에 흩어지고
번개는 밤나무에 박혀버렸다

밤톨 땅에 떨어져 흙 속에서 숨을 쉬고
번개를 마중 나간 들깨 열매들
개미알처럼 모여드는데

하늘은 천둥번개를 끌어안아
푸른 얼굴로 푸근한 미소를 보내는 날
신전에서 기도소리가 울린다
사도가 묵상의 기도를 한다

"신이시어
천둥번개로 숲을 깨우시고
멸균 진공을 불러오시어
코로나 역병을 멸종 시키소서"

바람의 노래

바람 불면 손잡을 수 있을 거야
같은 꿈꾸고 싶어
잔디밭에 푸르게 누워

별자리 운 좋다면
손잡을 수 있을 거야

별과 꽃이 만나는 날이면
낮에 별을 보고 밤에 꽃과 함께
잔디 푸르게 누워

바람 불면 손잡을 수 있을 거야
세차게 세월 흘러가도
같은 꿈꾸고 싶어
잔디 푸르게 누워

가을이 오면

꿈속의 연인 추억의 첫 페이지에 앉아
갈대처럼 손짓하네

가을이 오면
무더운 햇살을 물리치고
내 탄생의 별이 내려와
밤하늘에 잡힐 듯이 반짝인다네

지상의 별을 잃고 밤하늘에서 별을 찾았다네
혜성처럼 반짝했던 별은 잊혀졌고
가슴에 스민 별꽃 하나 오래 반짝인다네

가을이 오면
밤낮으로 그대를 찾아와
낮에 옆을 지키고 밤에 숨결을 보듬어
심장 뛸 때마다 떠 있으리오

천 개의 그리움

둘의
아쉬움 남아

천 개의
그리움 되고

기다리는
만물 깨워

한 개의
만남 되었다네

해후

손가락 사이에서 심장 소리가 났다
헤어지며 살짝 손 흔들었는데
진동이 바람 되니

손가락 사이와 허공의 마법
나비효과를 불렀나 보다

바다를 건너서 들판 내달려서
기슭 억새풀에 하얀 물결 출렁이고
산들바람 그대 품 안의 것이었는데
오늘 내가 안았다

짧은 만남 꿈속에서
빗장을 열고
그대 그리고 나 같은 품에 누웠다

심장

하나의 심장이 서로를 향해 뛸 때
입 밖으로 가슴의 언어를
끄집어 내놓으면 심장이
식어버리는 것이었다

금새 차가워지지 않기 위해
그 심장의 뜨거움을
가슴에 지닌 채 말없이
서로의 눈망울을 통해
애틋한 심장이 전해주는 따뜻함을
깊이 투시하였다

사랑

사랑이란
보이지 않아 잡을 수 없는 것
진실에 날개를 달아주는 것

52고래의 사랑
누구의 귀에 들리지 않는
외톨이의 심장 주파수

짝사랑의 노래
고래가 선택한 아름다운 고통이다
반쪽을 앓고부터...

*52고래: 다른 고래와 주파수가 다르며 평생 외톨이로 산다

4부
봄이 삶에게

입춘과 입 맞추다

봄을 기다린 동백은
몸뚱아리 서럽게 누웠는데
마당에 살랑대는
목련꽃이여

눈을 산란하는 설중매야
사랑의 빛깔 따라
청매 백매 홍매 흑매 황매 되는구나

잔설을 헤치고 오는 봄바람은
매화향기로
그대에게 입마춤을 한다네

꿈은 속삭인다

벼들이 마을 쪽으로 고개 끄덕이고
산들바람은 산소를 내뿜고
바퀴의 속도로
손을 흔들어댑니다

마음이 열려 있을 때는
세상이 달라 보이듯이
시골길은 넥타이를 풀고
벼는 손짓하며
산들은 푸른 웃음을
가슴에 전하는군요

황홀했던 꿈은
하루종일 살아갈
행복한 기분을 선물하듯이

그곳으로 가야 해

늘 가고 싶은 그곳을 꽃의 삶으로
사랑으로 가라시면 욕정의 옷고름 벗고
고흐의 붓꽃처럼 가야 해, 그곳으로

고뇌의 청춘아 쾌락의 발걸음 멈추고
차라리 하이애나 근성으로
거친 사랑을 물고 가야 해, 그곳으로

소박한 꿈으로 욕망을 체질하고
작은 소망으로 몸부림 줄이며
피안을 향해서 노 저어 가야 해, 그곳으로

죽음으로 가라시면
염하고 관속에 누워서 꽃상여 풍경소리
곡소리 들으며 가야 해, 그곳으로

하늘 편지

하늘에 편지를 쓰세요
하늘나라에 가서 소식을 전해줄게요

죽음의 시간은 스스로 정하려오
반드시 만나게 된다오
죽어간 이들의 주소와 이름을 써주오
지상의 소식과 당신의 삶을 전할게요

좋은 말로써 내게 담아주오
아름다움과 아픔을 쓰세요
슬픔과 기쁨 미움과 사랑도 전하려오

나는 하늘의 우체부가 될 테요
내 관을 편지로 채운 우체통으로 쓸 테요

하늘에 편지를 쓰세요
하늘나라에 가서 소식을 전해줄게요

샛별 보며 밭으로

수탉의 나팔소리에 밀려드는 밭의 풀들
멋대로 자란 수염이라
새벽길 별과 서로 쳐다보고 눈망울 반짝이고
황토밭 잡초 어렵사리 뽑고 허리 펴는데
이리저리 당기는 근육들

눈 들어 마주친 잡풀들
마법을 걸어본다고 중얼중얼
절로 뽑히거라고 수리수리
상상력은 입 꼬리에 꼬리를 물고
미소가 번지네

손발을 재촉하여 먼동이 트기 전에
그들의 점령을 밭에서 몰아내는데
잡초 뿌리를 손발로 뽑아내는 일도
풀뿌리와 풀 몸통이 잘 틀어쥐고
힘이 하나가 될 때, 확 뽑히더라

초월의 꿈

툭 떨어져
그림 속에서 나온 꽃
동백이 되었다

하늘 가득히
동백 혼으로 채웠다

톡 떨어져
하늘 끝에 그려진 아담
뼈 하나 이브가 되었다

황혼의 바람

황혼 햇살 든 솔가지에 바람이 날아든다
나무들 속삭이듯 흔들거리고
집집마다 사연은 재잘거린다
바람이 불어와 가슴이 흔들릴 때마다
저 순풍은 누구의 소식을 갖고
방문하는지 소곤소곤 거린다

바람 지날 때마다 꽃잎들 고개를 내밀고
귀를 쫑긋 나비의 소식을 채집할 채비를 한다
한 줄기 불어 따뜻한 계절이 좋음은
바람 속에 정겨운 소식도
아름다운 사랑의 그리움도
고독도 다 실어 보낼 수 있기 때문이리라

봄꽃이 봄에게

천 년 동안 세상에 오지 않기로 했습니다
천 년 동안 지상에 다시 오지 않겠습니다
열렬하였으나 미숙한 영혼이었습니다
이곳저곳 지상에서 힘겨웠습니다
여린 듯 강한 듯 갈팡질팡 어려웠습니다

영혼의 성숙을 위해 본향에 살겠습니다
봄이면 꽃대를 올리지 않겠습니다
꽃망울을 터트리지 않겠습니다
천 년 동안 봄꽃으로 오지 않겠습니다
천 년간 다시는 오지 않을 것입니다

여인이 대문 열고 버선발로 마중 나오는군요
아, 망부석 될까 봐 봄꽃으로 슬그머니
그대 곁에 머물까 합니다
봄이여 죽을만큼 연모하는 봄이시여
오소서 오셔서 늘 내 곁에 머무소서

봄향

인연 사이 혼과 혼의 얇은 경계에까지
황금 바다가 출렁이고
고독에 따뜻한 봄바람이 불어와

내 가슴처럼 부풀어 오른 이파리들
나무의 푸르른 영혼 불러내면
봄 향기 숲의 풀잎 포로로 잡고
연인과 함께 몸 밖으로 달려간다네

불어온 봄 향 오갈 꿈같은 정원의 인연
연자방아와 돌들에 봄의 솔 향 하늘하늘
우아한 그대 향 어찌 그리 천국인지요

세포마다 봄 향기 스며든 꽃봉오리
현악기의 음악 오월의 공원에 나빌레라

고드름, 봄을 껴안다

이별의 겨울바람 까악까악 울고
고드름에 갇혀 소리 없는 봄아
태양 열차의 햇살로 낙하할 텐데
고드름에 갇혀 속절없는 봄아

귀향의 계절에 지붕 끝을 걷는 물의 노래
땅 처마 사이에 매달린 겨울의 눈물
봄을 연모해 고드름이 흘리는 번뇌로
흔들리는 봄바람아

처녀 치마폭에 하늘거리는 봄 아지랑이
겨울잠 깨어나 고드름 품으려나?
매화꽃이 흐드러지네

어머니의 매화나무 꽃

곱사등 매화나무 꽃향기
꿀벌이 찌르고
재잘재잘 종달리 노래
가지마다 폴짝폴짝 하누나

벌침에 찔려 매화향 흐르고
암수 쌍 살포시 안아 부리를 쪼며
가슴을 서로 부벼대니
흐드러진 매화꽃 붉게 드러눕누나

가시마다 꽃들 피어나게 하니
비이윙 꿀벌 흐느끼는 소리
꽃잎들 사이사이 흘러 다니고
참새의 짹짹 소리는 향기에 취해
퍼드득 날개 펴지 못하누나

드러누운 매화 등걸을 세우고
굽어진 허리를 펴서 주름살 지우니
유년시절 보았던 어머니
매화꽃으로 피어나건만

매화의 뿌리 끝까지 거센 풍파들
파도 소리 상념의 뇌를 찌르니
위잉 꿀벌 떠나고 참새 푸드득 날아올라
어머니의 굽은 등과 주름살 드러나니
파뿌리머리 햇살에 물들이누나

무덤꽃

무덤 위에 피어난 꽃은
자기 몸 꼭 끌어안고
누운 자의 부활이리라

두 팔 뻗어 끌어 안기를 수억 번
손끝에 잡히는 이 없구나

흙을 그냥 부벼대다가
꽃씨가 닿아 녹아들었다네

아, 그대로 무덤의
할미꽃 되었구나

동백꽃 봄을 품어

동백꽃 동여맨 등허리 가지마다
피어나는 사랑 잎까지 품었고
차오르는 수액 뿌리 깊은 곳에서부터
봄은 부풀어 간다

심장에 봄바람 뛰고 허파의 잎사귀마다
탄화된 내 심연의 날숨과
동백의 붉은 들숨의 호흡 하나
부드러운 입맞춤할 때

한 서린 가슴 열어
꽃 향 기도소리는 만개하고
만물의 하나 되는 소망이여

꽃잎 툭툭툭 떨어져 땅이 우는 소리
선홍빛 물결 흘러도 이어도 푸른 산
봄날을 품었더라

님을 찾는 봄비

봄비는 봄이 왔던 곳에서
우리를 찾아온다네

새싹이 뚫고 나오라고
꽃잎들 수분이 되려고 온다네

꽃들 지상에 뿌리려고
우리를 찾아온다네

봄비는 봄이 왔던 곳에서
우리를 찾아온다네

봄꽃 같은 우리 님
계신 곳도 찾아간다네

낙화

오가는 시선 없는
떨림의
모퉁이

파르르
떨리는 전율

뿌리의
세월이
피어난다

시의 사랑

시 한 송이 호수가에 앉아
달빛에 꽃 그림자 그려내고
봄바람에 외롭구나
물결 소리에 몸 떨구는 꽃이여

물방울 수선화에 들이치고
비바람 소리에 꽃잎들 떨어지니
흔들리지 않는 심혼이 그립구나

울밑 봉선화 물들인 아낙네여
봉선화 꽃잎 사이로 들려오는 다듬이 소리
심장을 방망이질 하는 노랫소리
누굴 기다리나 길 위의 방랑자여

어울렁 너울렁 항해하는 바다는
시의 사랑을 꿈꾸는구나
파도는 왈츠의 사랑을

시는 사랑하고 싶다네
울창한 수풀을 들썩 들썩거리고
고요한 숲속의 꿩 소리
까투리와 장끼의 사랑을

시는 사랑하고 싶다네
수풀에 황혼 찾아와 저녁하늘 물들이면
붉은 구름 솜이불 삼고
불타는 밤, 재가 되는 사랑을

꽃비늘 삶

칠 년 침묵 후
작년 초승달 아래서 울음을 토하고
보름달 떴을 때 소리가 끊겨
매미는 땅에서 껍질로 밟혔지

긴 계절을 돌아온 벚꽃 향기
눈 몇 번을 감고 떴는데
저 하얀 혼魂은
어디로 떠나가는가

푸석거리는 살갗은
햇살 속에 꽃비늘로 떨어지니
삶의 주름을 얼마나 더
감출 수 있으려나

신의 사랑

삶에는 신의 사랑 가득하여라
신의 첫사랑은 입김이라

숲의 솔바람 폐포까지 스미고
심장의 실핏줄 동맥의 사랑이네

신의 날숨으로 태양은 떠오르고
석양은 신의 들숨에 어둠을 낳는다

밤을 지새고 새벽을 몰고 오는
신의 사랑은 끝이 없어라

잊혀질까, 시월의 사랑

바람 되어
어디로든 가고 싶어

햇살이 앉은 바람 한 점에도
첼로에 젖은 억새 한 가닥에도
사랑 가득한 가을날

세상 사는 동안
네가 있어 꿈을 꾸고
삶을 살아가지

오늘도 살아가는 이유
내일을 기다리는 이유
바람은 알겠지

삶에서 조금 어긋난 꿈
영혼 속에서 내가 너였음을

5부
하루살이의 고뇌

하루살이의 고분

무덤 없는 하루살이는
개미집보다 큰 고분에 묻히고 싶지만
무리지어 날으는 하루살이들
날으는 날만 같이 살아 떼로 죽는다

그가 지하에서 오백 년
다른 하늘에서 오백 년 하고도
천 년을 더 지내다가
하루만 살러 오는지 나는 모른다

무지한 나는
있음직한 하루살이들의 고분을
한참 지켜보고파 했다

하루의 삶이라도 천 년생인 듯 난다
쉿, 코로나 식구도
인류의 몸에 떼지어 고분을 꿈꾼다

가을 소나기

그대 손끝으로 내는 속삭임인가
유리창을 때리는 소리가 똑똑
검푸른 구름 사이 그대 발자욱 흔적 없고
빗줄기만 무성하다

거슬러 헤엄치는 산란의 고통스런 표정
연어의 두 눈에 눈물방울 똑똑
그대의 품에 회귀하는 은빛 꿈을 꾼다

복사뼈에 빗방울 똑똑 골수까지
찬 이슬 맺히니
가을 소나기는 무정한 그대
가을 소나기는 그리운 그대

매미의 갑옷

살아남았느냐!

생의 전장에서

나뒹구는 껍질 허망인가?

희망인가?

다음 생生은?

성장의 대화

세월은 물결 따라 흐르는데
강물 따라 바다로
흘려보내지 못하는 님은

가슴에 남아서 동맥과 정맥에 흘러
영혼의 심장으로 와서 늘 멈추고
젖먹이와 대화한다

알기 힘든 꿈속의 침묵 주고받다가
지금도 또렷한 맥박으로 뛰고 있다

많이 미안해하며 살기로 해요

많이 미안해 하며 살기로 해요
고마워 하며 살기로 해요
좋아해 하며 살기로 해요
사랑해 하며 살기로 해요
○○해 하고 살기로 해요
○○해 속에 우리 살기로 해요
꿈을 이뤄주는 소통을
○○안에서 다 이뤄내기로 해요

누구나 미안함은 있으니까요
미안함의 고백은 애정일 테죠
더 좋아해를 위해서일 테죠

누구나 존재 자체가 부족할 테죠
한계를 지닌 인간이니까요
모두를 다 좋아할 수는 없으니까요

누구나 피곤해지기도 하지요
믿지 못해 의심하기도 하지요
다 못해주기도 하지요

우리는 꿈의 다리가 되어주며
서로 위로하며
기대는 가슴이 되어주며
어깨를 토닥여 주며
서로의 필요가 되죠

우리는 영혼이 교감하니까요
멀리 있어도 서로 통하죠
아플 때 이름만 불러도 좋아지죠
미소 지을 때는 사랑이죠

많이 미안해하며 살기로 해요
고마워하며 살기로 해요
좋아해하며 살기로 해요
사랑해 하며 살기로 해요

○○해 하고 살기로 해요
○○해 속에 살기로 해요
꿈을 이뤄주는 소통을
○○안에서 다 이뤄내기로 해요

폭풍의 여인을 그린다

하늘의 폭우 바다로 세상을 몰아가니
마음은 창공을 날지만
길 잃은 새처럼 비틀거린다

까마귀 환상에서 검은 부리로 말하는데
폭풍은 여인을 어디에 내려놓았을까
바다일까 언덕일까
누구의 가슴일까

하얀 종이에 붓칠하는
폭풍의 여인을 기다리네
언덕 무너져 가슴속에 쌓일 때까지

나눔의 끈

있음으로 사랑을 주었고
나는 없음으로 사랑을 받았다
그는 텅 비운 눈물 예전에 보냈고
채움으로 눈물을 흘렸다

우리는 채우고 텅 비운 채로 아름다웠다
없고 있음으로 아프기도 했다
우리는 하나가 되지는 못했다

나는 따뜻한 순수의 영혼 그에게 주었고
그는 본향의 꿈같은 노래로
고슴도치 사랑을 선물하였다

우리와 우주가 나누는 작은 감동과 눈물
있고 없음의 나눔은
끊어질 수 없는 선물이다

견우는 직녀만 있다

은하수 다리에 그리움의 날개를 품고
우주를 향한 전설의 사랑
지상에 내려올 수 없는 사랑이 있었다

언제부턴가 물레방아 도는 수수밭에는
붉은 것들 알알이 흩뿌리고
디지털 앱 사랑은 뻗다가 뽑혀졌느니

날개와 날개를 묶고 입과 꼬리를 묶어
사슬이 된 은하수와 까막까치는
서로 끌어 오작교烏鵲橋를 안았다

삼백예순 날을 기다린 그리움
단숨에 달아올라 하루뿐인 만남 아쉬워
그믐달 고독의 그림자 까악 울고
초승달 산등성의 까마귀 같을지라도

오작교烏鵲橋의 은하수 사랑은
손쉬운 앱 사랑 내려다보지 않는다

인생 동반자

인생의 결을 나이테의 영혼에 비추니
하늘하늘 숲길에 동행하는 숨결의 짝,

그 결의 수려함은 그림 향처럼 높아
가늠할 수 없고
우아한 에로스가 뜨겁게 아파했다

고독한 우주의 나그네여
울려 퍼지는 아리랑의 메아리를
시간의 색과 바람의 향기를 들었는가?
색향으로 오간 세월에 풍화된 돌은
정원 뜰에서 녹아내리고
가슴 수국수국 했음을

인생의 결, 나이테 영혼에 비추니
하늘하늘 숲길에 동행해주는 숨결의 짝,

사랑의 눈

파동 치는 사랑은
다가오는 가슴을 품고
박동하는 심장은
눈물을 쏟아내고
영혼을 끌어안는다

소용돌이 사랑은
자유의 날갯짓으로
그리움의 상처를 외치고
재로 타버려도 피할 수 없는
눈먼 사랑이여

달의 사랑

우수가 왔길래 잰걸음 마중 나갔다
일지암 구름에 떠있고
운무만 우수를 받기었다

운무가 먼저 왔나 우수가 끌고 왔나
보름달은 왔다가 훌쩍 가버리면서
지구 사랑을 애타게 찾는지

짝사랑만 영원히 할 것이면
환하지를 말든지 뭇사람들 가슴 태우는
전설을 지워버리든지

찾아왔으면 지구에 더 가까이 다가와서
평생 같이 껴안고 구르든지
태양처럼 스스로 빛나든지

연어 돌아오다

계곡의 햇살 따라 지느러미 퍼덕이고
비늘을 비틀어 은빛꼬리 튕기며
욕망하는 산란의 바다를 가로질러
모천으로 귀향길에 있다네

부夫 함박 웃음소리에
모母 미소 화답하는 바다에
은하의 비늘로 살고프나
지느러미 삐꺽거리는
고독한 마지막 여행이라네

새끼를 물결 속으로 밀어낸
숨결 소리들 가라앉는데
태아 심장 소리와
어미 마지막 맥박 소리가
애달프게 들리네

영혼의 성장

고뇌의 가지를 비바람이 굽게 만들고
시련의 꽃을 눈비가 시리게 하지만
나무를 단단히 키워낸다
비바람 안 맞는 나무는 푸석하지만
맞고 자란 나무는 푸르고 성하다

세파를 안 맞고 커가는 영혼 어디 있으랴
세속에 시달려도 별빛의 영혼으로 살자
뿌리를 폭풍우가 강인하게 키워내듯이
시련이 나를 더 벅차게 키워 간다

시련과 고통이 덮치지 않기를 바라지만
그들이 있어 내 피를 더 뜨겁게 하고
내 육신을 강하게 성장시킨다
세파에 시달려도 별빛의 영혼으로 살자

봉오동 전투

전장에서 혼을 불태워 보았는가
살과 피바람 흩날리는 산하
만주 봉오동 협곡에
서글픈 안개 연막탄보다 짙었다

한서린 가슴에는 총탄도 길을 비키는데
일군의 목과 가슴으로
총칼이 바람에 춤을 춘다

전율하는 폭풍이 반도를 지나
침략자 바지가랑이를 흔들어대고
봉오동 깊은 계곡에는 봉오리 진 꽃들이
주홍빛으로 가득 흐드러졌다

꽃마다 선열의 함성들을 담고
붉은 선혈이 우리들 가슴에서
대한독립만세를 부른다

개미의 전투

꽃을 입에 문 남녀개미의 치열한 전쟁
붉은 개미와 검은 개미가 꽃처럼 엉켜서
종일 사랑 나누는 일이 아니었나 봐

팔 하나면 끝나는 그들의 전투지만
이종 개미 간의 전쟁인지라
다리를 잃고 배가 갈리고도
목숨을 내걸었나 봐

남녀 간에도 이종인양 전투하고 살아가지
사랑은 전쟁이고 목숨 같은 사랑인가 봐
꽃 같은 사랑도 세월의 전투에서
먼지 되고 마는가 봐

폭풍의 언덕으로 달려가자

폭풍의 언덕으로 달려가자
담을 넘고 들판을 지나서
억새가 손 흔들고 부른다 해도
말 달리듯 달려가자

폭풍의 언덕에 올라 그대 무덤에서
밤낮으로 잿빛 들꽃을 만나겠지
폭풍의 언덕에 오르면
바람이 들려주는 그대의 목소리를
달빛 아래서 들을 수 있겠지

항상 증오와 질투가 그대 몸에 피었었지
죽은 뒤에는 오직 평안만이
풀꽃과 함께 피고 진다네
미친 듯 영원한 사랑이
고요 속에 잠들어 있겠지

폭풍의 언덕에 누워보자
피 섞인 절망들 넓은 정원에 뿌려버리자
삶에서 피어난 원망들을
가을바람에 날려버리자

폭풍의 언덕으로 달려가자
턱에 숨차 올라도 발자국소리 나지 않고
떼까마귀 우는 그대 무덤에 엎드려
흘리는 눈물이 소멸할 때까지
얹혀진 내 손의 붉은 핏줄이
그대의 넋이 될 때까지

고슴도치 홀로서기

가시에 찔리는 두려움을 피해
낯선 땅으로 떠난 고슴도치
고독 안고 산을 흔드는 소리 들어도
허기 달래며 홀로서기 해야한다

넘어져도 일어서기 반복하는 아가처럼
찔려도 몸의 살갗 가죽 되도록
사랑하는 연습을 거듭했다

투박한 질그릇 도자기로 다듬어지듯이
고독을 이겨내면 고운 삶이 될 테니까
아가처럼 다가오고 엄마 아빠 되어주는
사랑의 방패, 고슴도치의 가시

6부
치유의 숲

추억의 숲

길 가다가 곳곳의 기억 하나씩 꺼내본다
시원하고 푸르른 순간들

먼 별이 지면 가까운 별이 반짝이고
기억 세포들의 길을 따라
갖가지의 추억이 떠오르듯이

기억의 그림자 꼬리를 물고
걸어오는 그리움의 숲들
어느 길에 멈췄으면 하고 생각했다
떠오르는 추억들 중단할 수 없구나

숲길에서 발자국 옮길 때마다
그리운 순간들 계속 꺼내고 있다

천 년 바위

바람의 풍화로 흔들리는 절애의 바위여
네 숨결에 달빛도 멈칫하며 흐르네

오랜 소망은 꿈꾸는 사랑으로 피어났고
임의 숨결을 만지니 사무치는 그리움
천 년을 거슬러 어느 가슴에 닿았을까

달의 비밀스런 사랑은
무구한 세월 속 바위에 스몄고
무상한 염원은 무이의 삶이라네

풍화된 바위의 숨결 사랑이여
지순한 달빛 신부여

무경계

외로움 짙어갈수록
고독이 깊어가고
그리움도 깊어만 간다

그리움 짙어갈수록
기다림 깊어가고
사랑도 깊어만 간다

사랑이 짙어갈수록
무경계 깊어가고
영혼의 교감도 깊어만 간다

소나무 숲

바람맞는 솔가지 쌓인 돌산
송근과 나무 벌레의 슬픈 낙하

연인은 벌레 먹은 송근과 닮은 인생을
방패연 떠오르는 숲에서 미래를 꿈꾸며
과거와 현재를 뒤섞고 살아간다

아름다움이 스며든 삶을 애원하고
행복한 사랑을 했네

바람을 맞는 아름다운 늘솔 언덕
솔가리 소복히 쌓이네

찰나에 살다

우주의 빛
하나하나의 행성을 비추며
먼지로 내려앉네

두 개의 찰나적 존재
부딪힌 우주의 고통을 안고
아름답게 명상하였으니

신이 허락한 고통
조갯살 모래알 껴안듯
쾌락은 찰나가 되었다네

달콤한 고통과 슬픈 쾌락의 합도
찰나의 빛에 적멸되어
우주의 먼지로 사라지네

영혼의 사슬

눈가에 다가온 미소 입맞춤할 때
따뜻한 영혼 입주름에 웃음이 일렁이고
심장이 파동치면 대지의 함박웃음
두 하늘 빗장문을 연다오

만물의 쇠락에 추락한 별도
세월의 미소로 반짝이고
번뇌에 숨죽인 영혼
계절의 웃음으로 깨어난다네

무서리 꽃 토해낸 대지의 가슴은
지상과 하늘을 만나 행복을 춤추니

입주름 미소의 접촉으로 잉태한 눈웃음
파안의 하늘에 피어날 때
두 별은 영혼의 사슬을 푼다오

가을장미의 순결

가을장미야 순결한 너의 속살에 들어앉았으니
저무는 노을에게 손짓해다오

찬란하게 떠오른 뜨거운 해야
붉은 이파리 하나 둘
장미에게서 녹아
빛살 속에 구름 되게 해다오

너의 붉은 기운으로
나의 몸도 타오르게 해다오

순결한 장미의 속살 내음에 취해
그녀의 침실에서
하룻밤 격정을 불사르다가
하얗게 사위게 해다오

사막의 숙명

훗날
아름다운 숲의 후예들
하늘의 운명 따라
사막의 눈물을
흘릴 테지

먼 훗날
슬픈 오아시스의 눈물들
별자리의 운명 따라
대지의 생명수로
빛날 테지

그대의 종이 되겠소

진정한 눈물로 나를 건져내는 이여
비밀스런 희망의 숲길에서
푸른 불꽃으로
나를 깨우는 이여

아름다운 슬픔으로
가슴 저미게 하는 유일한 이여
그대 내 곁에 있다면
나는 그대의 종이 되겠소

추석에 가족을 그리다

추석에도 파도와 만나는 단층單層은
몰락하는 달빛과 빈 배의 별빛을 기억한다

저무는 그믐달도 단층에서 커가고
단애單愛의 보름달은 가족과 속삭인다

추석의 태양은 형제의 우애를
더욱 따뜻하게 데워 준다

단애의 지층地層에 가족을 그리는 마음은
화석에 지층으로 쌓여만 간다

행복한 영혼

착한 영혼아 편히 잠들 거라
꿈에서도 곁에 있으마
아름다움이라도 슬퍼서 사랑인 것이라
사랑아 내 사랑아

아름다운 여인의 슬픔이여
슬픈 사슴의 아름다움이여
슬퍼서 아름다운 사랑이여
그대의 삼중주로 행복하구나

천상의 별처럼 고개 숙인 이마
은은한 달덩이 손짓하고
찬란한 태양은 그댈 위해서 떠올랐구나
사랑아 내 사랑아

아침 정원의 그대는
햇살보다도 빛나는구나
순백의 영혼아
사랑아 내 사랑아

사랑비

어머니 비가 옵니다
차가운 겨울비가 오고 있습니다
눈꽃을 기다리는 마음에도
딸자식을 그리는 가슴에도
당신의 모성 위에도

비가 와도 눈이 와도 사랑합니다
아픈 가족사는 비로 씻어내고
가족의 행복한 미래를 위한
기도의 눈물이 끝없이 흐릅니다

눈물을 담아내는 어머니의 가슴
슬픔도 아름다워집니다
따뜻한 사랑을 위해 기도합니다
촉촉이 내리는 는개비에
대지가 젖어듭니다

어머니 비가 옵니다
평안한 겨울비가 오고 있습니다
눈꽃을 기다리는 마음에도
아들자식을 그리는 가슴에도
당신의 연민 위에도

애기동백꽃 지다

우주의 태로 열린 꽃의 넋魂
동백꽃이 떨어지며 쳐대는 이별의 진혼곡
에밀레 종소리

좌초된 배에 눈빛들 깜박일 틈도 없이
낙화의 울음소리 진동하네
거센 물결에 세월호 혼백魂魄 떠나가네

님의 향기 아직 남아있고
파도에 떠다니는 아우성 가득하여
심장에 북소리 울릴 때
피멍든 가슴에 묻는 부모의 한

하늬바람아 불어라
죽음보다 잔인한 사월아
세월호야 왜 그곳으로 항해했더냐
피멍든 애기동백꽃
세월호 넋들이 환생했더냐

동백꽃 가녀린 청춘들
넋이라도 소환하고 싶은 것이
피 토하는 부모에 소원이라네

혼절하는 종소리 붉게 물드네
에밀레 에밀레 에밀레
천 년을 돌아 세월의 닻 내리고
우주의 탯줄 끊고야 말았네

숲 길에서

숲 사이에서 오솔길을 걸었습니다
원시의 풀잎에서 숨쉬는 소리를 들었습니다
개미, 쓰르라미, 곤충, 나무충
제각각 열심히 제 길을 가고 있습니다
한참 후에도 오솔길을 또 걸었습니다

꿈을 꾸었습니다 숲이 있습니다
다시 가 보는 그 길 포장이 보이지 않습니다
솔가지와 낙엽들이 덮었습니다
포근한 정감이 맨발 끝을 간지럽힙니다
한참을 걸으니 흙 내음과 솔향이 발바닥과
머리칼을 타고 흐릅니다
몸속의 줄기를 거쳐 세포까지 도달합니다

꿈에서 깨었습니다
다시 걸어보니 길이 없어졌습니다
길을 잃은 것이 아니라
원래의 모습으로 돌아갔습니다
그곳에 개미, 쓰르라미, 곤충, 나무충
더 열심히 제 길을 가고 있습니다
서로가 바라볼 숲길을 아름답게 만들고 있습니다

치유의 숲

영혼에 쉼을 주고
맑은 눈물로 영감을 주는 이여

그리움만으로도 가슴 벅차오르는 곳
보일 듯 말듯 아기나무 작은 숨 고르는 곳
편하게 뒹굴 수 있는 잔디의 정원 함께 누운 곳
솔향 가득하여 폐부에 산들바람 부는 곳

맨발 홀로 걷고 싶은 곳이다
호흡도 정지한 듯
심혼心魂의 고요가 잠드는 곳이다
상처받은 영혼이 달빛을 체질하는 솔향으로
치유의 삶을 향유하는 곳이다

그곳으로 달려가자
푸른 영혼이 숨 쉬는 숲으로

영혼의 별자리를 찾아서

지상 여행 떠난 후 여기저기 방황한 끝에
사막의 광야를 지나 미혹의 도시에서
무엇을 찾았으며 어떤 미래를 꿈 꾸었나
육신의 가루 물결에 잠기고
바람 되어 은하에 스미니
천사는 영혼의 무게를 재고 있다

심장은 그대를 매일 불태웠고
육신을 깃털처럼 가볍게 했으며
비밀의 업을 쌓은 영혼을 저울로 달았고
미카엘 천사의 웃음소리가
기와지붕 위로 들린다

꽃처럼 영혼도 흔들리며 핀다
휘청거릴 만큼 평행 우주를 뒤졌었지
합일할 그대의 우주를 찾아 헤매었고
자신을 다 내어줘도 좋을 영혼
한 짝 키워내며 행복했을 것이다

밤에는 별빛으로 빛나고
낮에는 햇빛으로 반짝이며
어떤 자리로 돌아왔는가?
그대 우주였던 지상의 영혼 하나
언젠가 초월명상으로 어디서 만날 거야
인생 표석의 별자리를

야생의 도시

엎드린 치타의 팔딱이는 심장
곤추선 털에 집중된 눈의 신경은
핏발선 채 번개처럼 주시하고
슬금슬금 포복한다

사슴의 커다란 슬픈 눈
눈망울 굴리며 두리번거리지만
포복을 포착하지 못한다

내려진 추격명령 뇌가 스파크로 가득차
생명연장이 척추신경을 따라
심장을 지나 앞발과 뒷다리에 전율한다

아드레날린 폭발한 육상선수 박차올랐고
두 개의 송곳니 목털미에 박히니
심장의 고동소리 떨궈진다
숨죽이는 순간 망막에 비친 하이에나

어금니를 몰고오는 떼거리에
맥박이 풀려버린 맹수의 다리
불타는 석양에서
분한 포식자의 이빨이 포효한다

약육강식의 도시
찬란한 새벽에
그런 절망과 희망이 동시에 포복한다

시집 출간을 마치며

꽃 터널을 지나갈 때 초원의 넓은 들판을
바라보고 싶었다
검은 터널이 있을 줄은 몰랐다
흰 빛의 아지랭이가 끝에 아른거린다
걸어가도 계속 끝이 나타나지 않았다
눈에 비치는 세상은 칠흑이었다
암흑 속에서 희망을 잃지 않고
벽의 틈을 찾아 나섰다
한참 후 눈을 뜨고 머리를 흔들었다
잠에서 깨어났다

필사를 하면서도 시를 꿈꾼다
좋은 시어를 찾고 영혼을 뒤흔드는
싯귀로 영감이 떠오르기도 한다
독자들께 참신한 감동이 전해지기를 소망한다
이 시집을 잉태하고 해산하기까지
도와주신 분들이 계신다
지도해주시고 감수해주시고 등단으로 이끌어주신
샘터문학 이정록 교수님께 감사의 말씀 올립니다
장지연 이사 등 임직원 여러분들께도 감사드립니다

응원해준 가족과 아내, 딸, 지인,
폐친과 모든 문우분들께도 감사의 말씀 전합니다
시 하나 하나를 쓸 때마다 읽어준
최수영 여동생에게 특별히 고마움을 전합니다

2021. 03. 19.

무이 최성학 드림

평 설

실험정신의 공간과 존재 사유

지은경(시인 · 문학평론가 · 문학박사)

1. 들어가며

〈샘문시선〉에서 최성학 시인의 시 원고를 보내왔다. 최 시인이 시집을 발간하는데 '평설'을 부탁해온 것이다. 최성학 시인을 만나본 적도 없고 약력이나 사진도 없으니 몇 번째 시집인지도 모르고 나이도 고향도 모르며 오로지 작품만 보고 해석을 해야 하니 편견이 있을 수 없고 공명정대한 평을 쓸 수 있을 것이란 생각을 하며 시를 읽어 보았다.

시집 제목은 『천 개의 그리움을 보낸다』이며, 제목 아래에 '필사하는 시인'이라고 덧붙였다. '시인의 말' 첫 줄 첫 행에 '필사하는 시인의 인사말'이라고 다시 '필사'를 강조하고 있다. 시인은 '필사'가 자신의 독서법이며, 하루에 8시간씩 노벨수상작을 일 년 동안 지속적으로 필사해왔음을 밝히고 있다. 어깨, 팔꿈치, 손가락 등 육신의 고통을 호소하면서 시를 쓸 수 없을 때까지 계속하겠다고 말한다. 세상을 꿰뚫을 때까지 하겠다는 각오의 인사말을 읽는데 비장함이 느껴져 읽는 사람으로 하여금 정신이 번쩍 들게 하였다. 시인이 필사筆寫를 필사적必死的으로 몰두한다는 것에서 어떤 시련과 고통도 감내하겠다는 의지가 진정한 시의 길을 찾고 있다고 보여져 시인의 숭고한 시詩 정신을 보게 된다.

목차는 총 6부로 나뉘었는데, 제1부 '하늘의 피아노'에 20편, 제2부 '세월의 명상'에 19편, 제3부에 '천개의 그리움'에 22편, 제4부 '봄이 삶에게'에 19편, 제5부 '하루살이의 고분'에 17편, 제6부 '치유의 숲'에 17편의 시들을 모아 총 114편의 시를 묶은 시집이다. 보통 70~80편의 시집들에 비하면 다소 많은 편이기는 하나 예사롭지 않은 시의 제목들이 눈길을 사로잡는다. 그의 시들을 살펴보기로 하겠다.

평 설

2. 섬세한 시적 감수성

가슴이 슬픈 날은 그냥 슬퍼하자
그보다 더한 날은 목놓아 울어버리자

그렁한 눈물 많던 유년 시절 밟고서
예순을 넘으면
실바람에도 눈주름 이슬로 채우니
아픔인지 슬픔인지
가슴 안으로만 삭였더라

뒷동산에 엎드려 죽어간 여우가 있었던가
어느새 고향에 돌아오니
초겨울이 나뭇가지에 앉아
애잔한 눈길로 나를 바라보면
주마등처럼 지나가는 신록들이 보였지만

풀보다 먼저 저버리는 꽃들이
저마다 저를 보라고
마당에서 활짝 미소를 터뜨렸었네
매화꽃은 어머니의 강인함으로
국화꽃은 누이의 눈웃음으로 추억되었고
수국꽃은 하늘의 혼으로
심장이 정지한 몸에서 숨결로 피어났었지

샘물로 영혼을 축이며 꿈은 자랐고
희망은 홰를 틀어 행복을 낳았지
둥지를 깨고 나온 나비의 날갯짓에
대지는 생기가 돌았고
하늘은 울음을 터트려 산야를 적셨지

마음이 무너진 날은 그냥 무너져버리자
그보다 더한 날은 목을 허공에 놓아버리자

- 「그냥 슬퍼하자」 전문

위의 시는 유년의 시간에서 현재의 시간까지 기억과 추억을 액자형식으로 보여주고 있다. 기억은 추억을 낳고 추억은 그리움을 낳는다. 그러나 모든 기억이 추억이 되는 것은 아니다. 기억은 하나하나의 사건들이 추억이 되기도 하고 그냥 사라지기도 한다. 추억은 희로애락을 담고 있어 그 감정이 슬픈 것이

평 설

라 해도 시인의 가슴을 따뜻하게 한다면 아름다운 추억으로 기억될 것이다. 아름다운 추억은 시간이 갈수록 더욱 또렷하게 남는다. 그 감정은 그리움으로 변화하여 추억의 사진첩이 된다. 그리스 신화에는 크로노스의 시간과 카이로스의 시간이 나온다. 크로노스의 시간은 절대적인 신의 시간이다. 카이로스의 시간은 시공을 넘나드는 주관적인 시간이며 의미의 시간이다. 우리에게 각인된 추억이나 시인의 산실은 카이로스의 시간인 것이다.

위의 시는 화자의 기억들이 앓고 있다. 화자는 꿈을 키우려 고향을 떠났다가 세월이 흘러 다시 돌아와 추억을 더듬는다. '매화꽃과 어머니', '국화꽃과 누이', '수국꽃' 등 고향의 기억들이 아름답지만 잊을 수 없는 슬픈 추억도 간직하고 있다. 시 1연에 "가슴이 슬픈 날은 그냥 슬퍼하자/ 그보다 더한 날은 목 놓아 울어버리자"고 하는 것에서 고향에 돌아온 시인의 감정이 고조되고 있다. 시의 마지막 연에서도 "마음이 무너진 날은 그냥 무너져버리자/ 그보다 더한 날은 목을 허공에 놓아버리자"는 격한 감정을 화자가 정공법으로 슬픔을 돌파하고자 하는 의지를 볼 수 있다. 고향은 어머니의 품과 같은 곳으로 삶의 자양분이 된다. 멀리 떠나 있어도 애틋한 감정은 변함이 없다. 6연에서 고향은 화자에게 꿈을 키워주었고 객지로 나간 꿈은 희망이 되지 못하고 좌절을 안겨준 비정한 시간이었음을 회상하고 있다.

시는 언어의 전달인 만큼 언어사용이 매우 중요하다. 언어에는 일상 언어인 랑그langue와 시에서 사용되는 파롤parole이 있다. 랑그는 시니피앙signifiant이며 파롤은 시니피에signifié로서 시는 소리의 말이 의미의 말로 전환된 것이다. 다시 말하면 시어詩語인 파롤은 다의성을 가짐으로 사유의 그물망이 되고 있는 것이다.

신기하게도 수십 년 지나서도 유년의 기억이 잊혀지지 않는 건 그 경험이 충격적이거나 절실하여 불도장의 화인자국처럼

평 설

선명하게 남아있기 때문일 것이다. 추억하는 마음엔 인간의 정이 있다. 그 기억들은 때 묻지 않은 순수한 삶의 무늬이다. 그래서 추억은 늙지 않는다는 말이 있다. 정열적인 경험들은 만용의 모험성을 지니며 있으며 삶의 본질과 맞닿아 있어 감동적으로 변화하며 빛나는 시로 승화시키게 된다.

> 고통은 내 몸속의 꽃 피와 살을 연료로 불꽃을 일으키고
> 호흡 따라 갈라지는 세포들 신의 입김으로 불어보라
> 찢기면서 어찌 단단해지는지
> 시련 겪어 강인한 붓꽃처럼 고흐의 아름다운 꽃이
> 되었다
> 고요를 견딜 만큼 견디다가
> 아픔을 견딜 만큼 견디다가
> 피어나지 않고는 견딜 수 없을 때
> 몸은 나무의 줄기와 잎 속을 깨뜨리고 고통을 빠져
> 나와 꽃이 되었다
> 빨리 포기 않기 위해 통증을 참아내며
> 죽음을 경험하는 곳에서 세포잎 하나, 둘, 셋
> 시나브로 꽃이 되었다
> 일찍 시들지 않기 위해 시간을 붙들어 이슬처럼 머금고
> 열매에게 공간을 내어주며 영원의 꽃이 되었다
>
> 이제껏 여러 꽃들이 세상에 피었어
> 숲에는 나무들이 꽃으로
> 도시에는 사람이 꽃으로
> 내 몸에서도 고통이 꽃으로 피었어
> 전에는 몰랐었어
> 고통이 몸속에서 꽃으로 피는 것을
> 고통을 사랑하기로 했어
> 그 꽃을 사랑하지 않고는 사랑을 알 수가 없었어
> 사랑을 할 수가 없었어
> 아니, 살아갈 수가 없었어
> 언젠가 이리 말했어
> 통증의 딱지를 떼어내고 멍하다가
> "이제는 살아갈 수 있었다"라고
>
> ―「몸속에 피는 꽃, 고통」 전문

위의 시는 창작의 고통을 기쁨으로 잘 승화시킨 시이다. 깊고 푸른 사유가 감동으로 이어져 결실의 꽃을 피우고 있다. 시

평 설

는 언어가 관건이란 것을 재강조해도 부족함이 없다. 어떤 시어를 선택이냐에 따라 시의 맛이 달라지므로 시인은 언어의 한계를 극복하기 위해 부단한 노력을 해야 할 것이다.

시의 첫줄 1연 1행~2행에 '고통은 내 몸속의 꽃'과 '피와 살을 연료로 불꽃'을 피우는 것은 푸른 식물성언어로써 직설적으로 표현하지 않고 은유함으로 알레고리적 해석이 되고 있다. 다시 말해서 추상적인 내용을 구체적인 대상으로 치환하여 시적으로 표현한 것이다. 시인은 '피와 살을 연료'로 불꽃을 피우고, '갈라지는 세포에 신의 입김을 불어 보라', '고흐의 아름다운 꽃'을 피워내고 있다는 것에서 창작의 완성도를 드높이고 있음을 알 수 있다. '숲에는 나무들이 꽃'으로, '도시에는 사람이 꽃으로', '몸에는 내 고통이 꽃'이 피어난다고 하는 것에서 자연친화적인 시적 정조가 공감을 주고 있으며 '창작의 꽃'은 생명적 작업이 되고 있다. 화자는 창작이 '고통이 꽃'이라는 것을 알고 그 고통을 기쁨으로 사랑한다. 왜냐하면 고통이 없이는 꽃을 피울 수 없으며 사랑 없이는 고통을 감내할 수 없기 때문이다. 생명감 있는 내적 성숙이 호소력을 발휘하며 눈물겹게 그려지고 있다.

시인은 화가처럼 글로 그림을 그리며, 시의 말로 산의 정상을 오르고자 열망한다. 자기실현을 위한 자기응시는 내공을 쌓으며 인고의 정신으로 꿋꿋하게 나아가 시의 지평을 열고 있다. 문학적 감성인 서정성은 실험정신과 융합하여 한 단계 진화하며 부단한 노력과 치열한 시정신이 공감의 영역을 확장시켜 미적주권을 획득하고 있다. 때 묻지 않은 순수한 삶의 무늬가 담백한 시격을 갖추고 있으며 노력하는 시로써 눈부신 존재의 꽃을 피워내고 있다.

시의 장르는 감동을 목표로 한다. 시의 감동은 정서적 경험을 구체화하여 그 느낌을 표현하는 것이다. 그러므로 소통이 불가능한 시는 공감능력이 떨어지게 된다. 감정이입이 내적 필연성으로 이어질 때 창작의 구심점이 된다. 요즘 발표되는 시들을 보면 삶을 진지하게 탐구한다고 보이지 않는다. 가벼운

> **평 설**

일상을 가볍게 쓰거나 어렵게 표현하여 감동이 없다. 문인은 문학을 사랑해서 문학작품을 즐겨 읽고 즐겨 쓰며 활동하는 문학전문가임을 잊지 말아야 한다.

> 비행모드를 누르면
> 다른 고요의 공간으로 나는
> 순간이동 한다
>
> 아무도 들어올 수 없는 경계
> 이 영역을 애정한다
> 고독을 사랑하고
> 필사를 사랑하고
> 홀로 사유하고
> 홀로 가장 멋진 소설을
> 필사하며 나무늘보처럼
> 느리게 느끼고 새긴다
> 느긋하게 공감각으로 본다
> 늘 기다려진다
> 충만감이 채워진다
>
> 뱅기 모드의 환상계를 빠져나와
> 현상계를 엿보러 갈까
> 세상 사람들이 분주하네
> 심심하고 허무하다
> 무기력해진다
> 나는 다시 비행모드를 켜고
> 시공으로 순간 이동한다
> 고독이 동행한다
>
> — 「뱅기모드의 고독」 전문

'뱅기'는 비행기의 준말이며 방언이다. 현대인은 SNS를 사용한다. 화자는 '비행기모드'를 누르며 PC에 들어와 작업하고 있다. 디지털세계에서 창작을 즐기고 있는 것이다. "고요의 공간으로 나는/ 순간이동 한다"는 것에서 그만의 사이버 공간에 들어와 있음을 유추할 수 있다. "아무도 들어올 수 없는 경계/ 이 영역을 애정한다"라든가 "고독을 사랑하고/ 필사를 사랑하고/ 홀로 사유하고"에서 화자의 작업을 간접적으로 우리는 보게 된다. 화자는 "나무늘보처럼/ 느리게 느끼고 새긴다/ 느긋하게 공감각으로 본다/ 늘상 기다려진다/ 충만감이 몸에 채워

평 설

진다"는 것에서 느긋하게 자신의 작업과정에 만족감을 드러내고 있다. "뱅기모드의 환상계를 빠져나와/ 현상계를 엿보러 갈까나/ 세상 사람들 분주하네"에서 화자는 가끔 나홀로 방에서 간혹 현실로 돌아와 세상 사람들과 부딪쳐보지만 곧 심심하고 허무하며 무기력해진다. 그러나 "세상 사람들 분주하네/ 금방 심심하고 허무해진다/ 무기력하다는 생각이 들었다/ 그이는 다시 비행 모드를 켜고/ 홀로의 공간으로"에서 다시 비행기 모드로 들어가는 것에서 시인의 공화국으로 돌아온 화자는 세상사가 재미없다. 고독과 필사와 사유를 사유한다. '나홀로 창작'을 사랑하므로 고독은 견고하다. 화자는 뒤죽박죽인 세상에서 오직 시를 쓰므로 충만감이 채워지며 행복을 느끼고 있다.

위의 시는 시인이 한 편의 작품을 생산하는 과정에 진정성이 배어있다. 무엇보다 시적 상상력과 작품에 임하는 시인의 자세가 진지하다. 시의 본질은 서정성이며 지적 의식보다 감수성이다. 언어 감각이 탁월하다는 것은 언어적 감수성이 뛰어난 것이다. 언어의 선험적 능력을 가졌다 하더라도 타고난 재능이 노력을 따르지 못한다. 선험적이란 철학적 용어로 경험하기 이전에 이미 대상에 대한 인식을 하고 있는 것으로서 타고난 재능을 말하는 것인데 화자는 나무늘보처럼 느리게 느끼며 새긴다는 것에서 사물들을 예사로 지나치지 않고 꼼꼼하게 관찰하고 있음을 알 수 있다. 위의 시는 때 묻지 않은 순수한 감수성이 앞으로 좋은 시를 쓰라는 기대를 걸게 한다. 주제의식과 풍부한 시어들이 맛깔스럽고 미학적이다.

3. 사랑, 존재의 그리움

사랑에 닻을 내리고 싶다
열정으로 헌신하고
다른 꽃들에 눈감으며
순수의 친밀에 감사하고
고결한 심장에 나를 가두어
이제는 닻을 내린다
그대 사랑에

영혼에 닻을 내리고 싶다

평 설

하늘구름을 나룻배 삼고
별빛파도를 돛으로 삼아
은하를 항해하며
이제는 닻을 내린다
그대 영혼에

- 「사랑의 닻을 내린다」 부분

'닻'은 배가 한 곳에 멈추게 하기 위하여 쇠갈고리를 줄에 묶어 흙에 박아놓아 움직이지 못하게 하는 것이다. 시인은 그동안 꿈을 찾아 헤매다 지금 어느 한 곳에 닻을 내리고자 한다. 그가 닻을 내리고 싶은 곳은 '열정'이며, '순수'이며, '고결'인 것이다. 그가 닻을 내린 곳은 '하늘구름'이며, '별빛파도'이며, '은하'이다. 화자의 시적인식이 놀랍도록 밝고 순수하며 미적주권을 공고히 하고 있다. "열정으로 헌신하고/ 다른 꽃들에 눈감으며/ 순수의 친밀에 감사하고/ 고결한 심장에 나를 가두어/ 이제는 닻을 내린다"는 것에서 화자의 외부의 변화는 내부의 재구성으로 이어지는 것을 알 수 있다.

세상의 속삭이는 소리를 외면하고 어떤 유혹에도 흔들리지 않으며 고결한 것에 닻을 내리는 것은 이상과 꿈이지 세속적인 욕망이 아닌 것이다. "하늘구름을 나룻배 삼고/ 별빛파도를 돛으로 삼아/ 은하를 항해하"는 것은 상상력을 확장시켜 불가능을 가능의 세계로 이끌어가는 심적 탐색이 다채롭다. 화자의 강한 의지와 열정을 보여주는 부분이다.

생의 대부분을 차지하는 과거를 우리는 잃어버릴 수 없다. 과거를 모두 잊어버리면 살아있는 것이 아니다. 화자는 과거에서 현실로 돌아와 외부에서 받은 충격을 내면화하여 절망을 재구성한다. 시의 구성은 독특한 시의 미학을 창출하며 재구성된 것을 편집하는 것이 된다. 즉 자아의 재편집인 것이다. 시의 본질은 감동이며 궁극적인 목적 또한 감동이지만 감동을 주는 시를 쓰기란 여간 어렵지 않다. 시인은 타고난 재능도 있어야하지만 창조적 영감의 원천을 찾기 위해 부단히 노력해야 한다. 잠자는 의식의 문을 두드리고 흔들어 깨워야 한다는 말

평 설

이다. 최성학 시인의 필사筆寫(베껴 쓰는)의 노력이, 혹은 필사必死(죽을 각오로 쓰는)의 남다른 노력이 초심을 잃지 않고 지속되길 바란다.

   이끼바위를 붙든 나목
   삶이 바람에 흔들리면
   홀씨에 영혼을 실은
   고요한 순례자여
   미래의 여행을 준비하게나

   시공을 초월한 아득한 곳까지 날아가
   궁전의 전설 같은 추억에 말을 건네고
   영혼에서 퍼낸 향수의 파편들
   맞춰보게나

   아마 그랬겠지
   하늘의 궁정에서 별보다 사랑했으니
   지상의 정원에서는
   이슬처럼 반짝였겠지

   태양의 날갯짓 아래
   내일도 햇살이 그대를 비추면
   하늘과 땅 사이에서
   눈꽃처럼 살아가게나

   햇살에 녹아내리면 홀씨의 영혼을 품고

   바위의 이끼를 덮으며
   눈꽃처럼 살아가는 순례자여
   미래의 여행을 준비하게나

       - 「순례자의 영혼, 눈꽃」 전문

위의 시 「순례자의 영혼, 눈꽃」은 주정주의 시로서 탐미적이고 감각적이다. 시어들이 눈꽃송이처럼 맑고 투명하여 시를 돋보이게 한다. 화자는 1연의 "이끼바위를 붙든 나목"에서 바위틈에 뿌리내린 나무의 생명력에 감탄하고 있다. "삶이 바람에 흔들리면 미래의 여행을 준비하라"고 말하는 것에서 절망의 순간을 거부감 없이 받아들이며 미래를 지향하는 시적 발상이 긍정적이다. 그 여행은 "홀씨의 영혼을 실은/ 고요한

평 설

순례자"인 것에서 순례자는 영원하고 절대적인 형이상학적 본체인 이데아의 세계를 추구하고 있어 고결한 안정감이 시적 묘미를 살리고 있다. 순례자는 종교적 목적으로 성지를 찾아다니는 사람이다. 여기서 순례자는 시인과 동의어이며 바람이 부는 대로 날아가는 자유로운 홀씨의 영혼은 시인인 것이다. 2연에서는 '아득한 곳으로 날아가 전설 같은 추억에 말을 걸자'는 것은 순수한 이데아의 영원성을 추구하는 것으로서 욕망과는 다른 순리를 거역하지 않는 시격으로 승화하고 있다. 3연에서는 '별보다 사랑했으니 이슬처럼 반짝일 것'이며, 4연에서는 '태양의 날갯짓으로 눈꽃처럼 살아가자'고 말한다. 여기서 눈꽃은 겨울에 헐벗은 나뭇가지에 앉은 하얀 눈을 말한다. 화자는 하얀 색깔의 눈을 눈꽃으로 이미지화한 자연의 언어가 투명하게 빛나고 있다. 5연에서는 '순결한 순례자여 홀씨의 영혼으로 미래의 영혼을 준비하자'고 한다. 순례자는 종교인을 지칭하기보다 창작에 몰두하는 시인을 비유하는 레토릭으로 보겠다. 시인은 순례자처럼 고결한 영혼이요 시를 목적으로 세상을 순례하는 관찰자인 것이다.

지난 일 년은 코로나19로 인간의 자율성과 생존권이 훼손당한 해였다. 한 뼘 마스크에 결박되어 비대면 거리두기는 외계인의 모습으로 사람을 만나도 깜깜이(잠재보균자)가 아닐까 서로를 감시하며 죄인처럼 좀비처럼 피하며 살아왔다. 그러나 우리는 호모사피엔스의 후예다. 조상들은 질병, 전쟁, 자연재해 등 가혹한 고난의 시대를 살아내 대처하면서 진화해왔다. 진화에서 생물은 강한 자가 살아남는 게 아니라 환경에 적응한자가 살아남는다고 했다. 영어의 몸이 된 시인의 고통이 시를 낳고 있다. 그러나 코로나19의 고통에도 사람들은 쓰러지지 않고 미래를 꿈꾼다. 꿈은 인간진화에 원동력이 되고 있다. 시 창작은 사물을 보는 인식의 눈이며 표상능력이다. 비유적 시어들은 대립적인 것들을 퍼즐로 맞추어 역동적이며 동일성을 갖게 한다. 글은 매일매일 갈고닦지 않으면 지성이 퇴화된다. 시의 은유는 시적장치로서 이질적인 것 안에서 동질성을 발견하면서 새로운 세계를 여는 것이 된다. 시의 변용은 위트, 아이

평 설

러니, 해학, 풍자 등을 활용하여 언어의 폭을 넓히는 것이다. 무르익은 언어가 시의 완성도를 높이게 된다

> 사랑하는 두 사람
> 눈물이 아파도
>
> 천 개의 그리움
> 아름답고
>
> 천지의 슬픔
> 허공으로 흩어지면
>
> 하나만의 사랑을 만나리라
> 본향에서
>
> ― 「본향으로 가자」 전문

위의 시 「본향으로 가자」는 순수한 인간의 본성으로 돌아감을 의미하고 있다. 인간은 무엇으로 사는가? 사랑하며 사는 것이 인간의 본향으로 돌아가는 것으로 해석할 수 있다. 인간은 원초적 본능으로 돌아가려는 욕망의 존재이다. 그러나 로고스(이성)만으로 혹은 파토스(감성)만으로 살 수 없는 것이다. 1연의 "사랑하는 두 사람/ 눈물이 아파도"에서 '눈물이 아프다'는 것은 '사랑의 슬픔'을 예감하게 한다. 가장 아픈 사랑은 이별이다. 2연의 "천 개의 그리움/ 아름답고"에서 현실에서 이루어지지 않은 사랑이 '천개의 그리움'을 낳고 있다는 것에서 그 아픔이 얼마나 큰지 추측할 수 있다. 그러나 화자는 '아름다운 그리움'이라고 말하는 것에서 깊은 사랑과 내면인식이 완곡법을 취하고 있다.

3연의 "천지의 슬픔/ 허공으로 흩어지면"은 화자의 슬픔이 하늘과 땅 사이의 허공에 퍼져있다는 것은 혼돈과 불안의식을 드러내는 것이 된다. 사실 '사랑은 눈물의 아픔'으로 인지하고 있으면서 '아름다운 그리움'이라고 말하는 것은 형용모순이다. 형용모순은 서로 의미가 양립할 수 없는 말을 할 때 형용모순이라고 하며 반어법이다. 4연의 "하나만의 사랑을/ 만나리라/ 본향에서"는 화자의 사랑이 온전히 한 사람만을 위한 것으로

평 설

모순된 세상에서 만날 수 없다면 본디의 고향에서 만나자는 이데아적이고 순애보적인 사랑 고백의 시이다. 보고 싶은 애타는 마음이 사랑이며 그 사랑은 그리움을 남긴다. 그리움 또한 보고 싶은 감정으로 사랑과 그리움은 동일화의 감정이다. 보고 싶은 마음이 추억을 만들고 추억은 어떤 물건을 보아도 그리움이 솟구치고 함께했던 장소에 가도 사랑하는 사람이 생각난다. 사진을 보면 더욱 그리워진다. 그리움은 살며 놓쳐버린 수 많은 외로움으로써 그리움이 사무치면 병이 된다. 그리움의 대상은 꼭 사람만을 의미하지 않는다. 꿈일 수도 있고 이상일 수도 있지만 이 시에서 '천개의 그리움'은 화자의 이상을 향한 그리움으로 해석된다. 그래서 그리움이 결코 괴로운 것만은 아니다. 천개의 그리움은 내재된 천개의 꿈으로 해석될 수도 있기 때문에 삶의 원동력이 되고 있다.

> 보고 싶다 하거든
> 오작교의 견우가 되고
> 그립다 하거든
> 피아노 소리가 되며
> 기다린다 하거든
> 직녀의 날개가 되어
> 더 보고 싶다 하거든
> 구름을 몰아가는 바람이
> 비처럼 쏟아지는 별빛이
> 첫눈의 애절함이 되라
> 또 그립다 하거든
> 날갯짓하는 눈 폭풍 속으로
> 달음박질하는 사랑이 되라
> 그래도 기다린다 하거든
> 더 멀리 보내기 위해
> 더 아파야 하는
> 사랑의 종소리가 되거라
>
> - 「사랑이 되어」 전문

위의 시 「사랑이 되어」는 사랑의 노래이다. 사랑의 실현은 인간임을 실현하는 것이라는 말이 있다. 서로의 존재를 확인하고 받아들임으로 사랑은 삶의 의미가 된다. 사랑을 한다는 것은 어른의 내면에 있는 순수한 자아의 발견이며 순수한 마음

> 평 설

이 우리를 아름다움으로 정화시킨다. 시 1연~3연의 "보고 싶다 하거든/ 오작교의 견우가 되고// 그립다 하거든 / 피아노 소리가 되며/ 기다린다 하거든 직녀의 날개가 되어" 사랑하는 이에게 가겠다고 하는 것은 가시적 이미지를 극대화하여 소망의 절박함을 드러내고 있다. 사랑의 노래를 이토록 아름답게 부르는 시인이 있을까 싶다. 그래도 보고 싶다면 "비처럼 쏟아지는 별빛/ 첫눈의 애절함"으로, "눈폭풍 속으로 달음박질하는 사랑이 될"거라고 말한다. 그리고 기다리는 사람을 위해 멀리 멀리 울려 퍼지는 "사랑의 종소리"가 되겠다고 하는 것에서 시적 상상력이 깊은 시유의 바탕이 되고 있으며 사랑하는 마음이 햇살처럼 빛나고 있다.

위의 시는 움베르토 에코의 『장미의 이름』을 연상시킨다. 어느 날 젊은 수도사가 인생에 단 한번 여자와 밀회한다. 하룻밤 뜨거웠던 순간을 일평생 잊지 못하고 그리워하다가 속죄하는 마음으로 회고록을 쓰게 된다. 사랑은 에로틱한 열정이다. 사랑이 아픈 것은 헤어짐이 있기 때문이다. 사랑하는 사람의 부재는 그리움이 되고 이별은 고통스럽다. 시인은 피폐해진 세상에서 빛을 밝혀주는 존재이다. 코로나19로 한뼘의 마스크에 결박당한 채 우리는 일 년을 지냈다. 화자는 휴머니즘의 위기에서 휴머니티를 살려내고, 섹스리스 시대에 사랑시는 동력이 되고 있다. 수많은 여자들과 애정행각을 벌이던 피카소는 일이 곧 휴식이라며 인간탐험을 통해 자기를 확장해 나갔다. 시인에게 사랑의 비극성은 비극만으로 끝나지 않고 예술의 원천이 되고 있다.

4. 하이퍼 구조의 실험시

21세기에 새로운 시운동이 전개되고 있다. 하이퍼시, 디카시, 공연시, 디지털시 등이 선을 보이고 있다. 하이퍼시란 말은 조지 P 랜도George P Landow가 처음 사용하였다. 하이퍼시는 사이버 공간에서 컴퓨터를 링크(연결)하는 과정에 결합, 삭제, 교환, 편집을 자유자재로 하는 것에서 비롯된 말이다. 하이퍼

평 설

시도 이름만 다를 뿐 시의 복잡한 구조가 '낯설게하기'와 일맥 상통하는 점이 있다. 하이퍼시는 시간과 공간의 순서가 혼재돼 있어 모순적 구조를 가지며 있으며 감정이 절제돼 있어 의미 파악이 잘 되지 않는다. 어쩌면 횡설수설이 난해함과 말장난으로 보일 수 있다.

    세월로 키워낸 사랑니
    입술을 밀어 올리면
    눈가의 주름은
    사막의 호수 물결로 일렁이고
    하회탈 같이 웃는다

    홍채 안 반짝이는 날숨은
    심연 속 만가지의 언어를
    눈 세포에서 몸 밖으로 내보낸다
    안개구름의 정령처럼
    지상에서 우주로

    동공 안의 들숨은
    뇌의 깊숙한 곳으로
    동공 밖의 날숨은
    수도승의 긴 숨으로

    거인의 숨골을 열어
    탄생하는 새로운 의식은
    무의식의 영혼까지 불러오는데

    눈 안에 스며드는
    바람의 소망을 안고
    바위의 인연을 떠올리며
    달 아래 숨 쉬는 달항아리

          - 「세월의 명상」 전문

위의 시 「세월의 명상」은 시의 배경과 대상이 우주와 연결하여 교류하면서 현대시의 낯설게 하기 기능을 장치하고 있다. 부조리한 상황이 초현실주의 기법으로 재구성되고 있다. 시 2연의 "홍채 안 반짝이는 날숨"은 눈의 홍채와 날숨이 매우 이질적이며 낯설다. "동공 밖의 날숨은/ 수도승의 긴 숨"에서도 동공 밖의 날숨과 수도승의 긴 숨과 어떤 연관이 있는지

평 설

이해하기 쉽지 않아 이 부분 역시 소통이 어렵다. 물론 전체적인 내용과 의미는 알 수 있으나 행간과 여백이 낯설다. 새천년도에 실험시로 해체시가 유행했던 적이 있다. 물론 아직도 그 장르의 시인들은 계속 시를 쓰고 있다. 하이퍼시의 리좀 Rhyzome의 구성은 다양성, 무의미성, 이질성이 패러다임으로 확장되면서 이미지의 낯설게 하기를 실현하고자 한다. 몽상적이면서도 철학적인 사유를 함유하고 역동성을 지닌다는 것이 특징이다. 그러나 화자는 서정성을 살리고 있어 난해함과 말장난을 극복하고 있다.

시의 창의성은 경험한 현실을 새로운 체험으로 다르게 형상화 한다. 현대성의 시정신은 자유와 독립성이다. 미래의 시는 Human, all to human. 인간적인, 너무나 인간적인 시가 공감될 것으로 예측해 본다. 세계의 변화의 끝에 휴머니즘이 이념의 자리를 차지하고 있다고 보기 때문이다. 실험시를 이해하기 어렵다고 난해시로 치부할 수만은 없다. 평론가들은 낯설게하기 어법도 수사법의 하나로 새로운 시의 메카니즘으로 높이 평가하고 있다. 언어의 진화적 입장에서 보면 모국어 표현방식을 확장하는 시의 지평을 열어가는 길잡이로서의 선구적 역할을 한다고 보기 때문이다. 실험시의 행간과 여백 속에 휴머니티를 살려내면 좋을 것으로 생각한다. 독자에게 아무런 감동을 줄 수 없다면 시가 무슨 의미가 있겠는가. 시는 나를 멀리 세워놓고 바라보기이다. 나의 실체를 확인하며 나에게 질문하는 것이다. 평이한 일상적 언어가 시어로 확장되면서 사막을 질주하는 롤러코스터처럼 긴장감과 서스펜스를 느끼도록 역동적 변주를 울리는 시를 써보는 것도 시도해 볼만하다. 시어의 기호화는 절제와 명암과 부드러움이다. 클라이머처럼 절벽을 타고 오르다가, 롤러코스터로 사막을 질주하는 시는 어떨까. 시가 독자에게 아무런 감동을 줄 수 없다면 의미가 없기 때문이다.

> 눈 안에 스며드는
> 바람의 소망을 안고
> 바위의 인연을 떠올리며
> 달 아래 숨 쉬는 달항아리
>
> - 「세월의 명상」 일부

> **평 설**

위의 시 「세월의 명상」은 관습적 일상 언어를 변화시켜 상황을 돋보이고 두드러지게 묘사하고 있다. 4연의 "눈 안에 스며드는/ 바람의 소망을 안고/ 바위의 인연을 떠올리며/ 달 아래 숨 쉬는 달항아리" 이 시 역시 낯설게 하기 기법을 통해 상상력을 고조시키고 있다. 자아인식을 새롭게 하고 자유로운 연상이 다양한 이미지를 구성하여 미학적으로 승화시키고 있다. '바람의 소망', '바위의 인연', '달 아래 숨쉬는 달항아리'들은 행과 행 사이가 낯설기만 하다. 감정이 절제되어 의미 파악이 쉽지 않다. 오히려 의도적으로 의미를 흩어놓은 것 같기도 하다. 무의미시는 낯설게하기에 해당되지만 의미가 완전히 없는 것은 아니다. 하이퍼시는 감정을 드러내지 않는 것이 특징이다. 오히려 모순 속에 진실이 함유돼 있음을 알고 비극성과 희극성을 극대화하여 강조한 역설의 미학으로 보인다.

하이퍼시는 대상을 파괴하고 낯선 결합을 시도하는 방식이다. 이를테면 일반적인 논리의 의미로부터 벗어난 시인 것이다. 일상적 언어를 의미적 언어로 변환시킨 하이퍼시는 사건의 의미가 새로운 느낌이 들도록 표현하는 예술기법이다. 삶의 모순성, 인간의 비합리성, 알아들을 수 없는 주술적인 언어들을 나열하여 퍼즐 맞추기 게임을 하는 것 같다. 디지털문명시대에 현대성이란 이름으로 하이퍼시가 자연 발생되었음을 주시해 본다면 미래시의 모습을 볼 수도 있을 것이다.

5. 맺으며

새로운 날을 주시려거든
낡은 해와 달이
나의 영혼과 육신을
지배하지 않도록
매일 죽게 해주십시오

날이면 날마다
새 삶을 가꾸며
새 희망을 꿈꾸고
새 사랑을 춤추며
새 세상을 노래하도록

평 설

    과거의 아픈 기억들을
    어제의 일처럼 전부 소멸해주십시오
    남겨진 쓴 상처들을
    모두 잊게 해주십시오

    그러니 오늘 내일도
    행복한 기억만을 갖게 하려거든
    허파를 지나는 맥박이
    말초신경 종점에서
    멈추도록 해주십시오

    정수리를 시작하여
    욕정의 뿌리를 휘감고
    엄지발가락 끝까지
    피를 실어나르지 않도록
    매일 죽게 해주십시오

        – 「매일 죽게 해주십시오」 전문

  위의 시 「매일 죽게 해주십시오」는 제목에서부터 비장감을 느끼게 한다. 창작의 고통이 뼈저리게 사무치는 시로서 최성학 시인의 시집 전체를 관통하는 시로 뽑아보았다. 시제 '죽게 해달라'는 말은 진정 죽고 싶은 것이 아니라 새롭게 태어나야겠다는 낡은 것으로부터의 거부요 시적 아이러니며 역설적 수사법이다. 시 1연의 "새로운 날을 주시려거든/ 낡은 해와 달이/ 나의 영혼과 육신을/ 지배하지 않도록/ 매일 죽게 해주십시오"는 화자가 새롭게 살고자 하며 새롭게 태어나고자 하는 것이다. 꿈과 이상을 실현하고자 하는 부분이며 낡은 것을 탈피하고 싶어 하는 화자의 염원이다.

  2연의 "날이면 날마다/ 새 삶을 가꾸며/ 새 희망을 꿈꾸고/ 새 사랑을 춤추며/ 새 세상을 노래하고" 싶어 하는 것이 화자의 소망이다. 새 삶, 새 희망, 새 사람, 새 세상은 '새로운'의 '새'자가 강조되고 있다. 진심으로 새롭게 태어나고자 하는 화자의 진정성이 느껴지는 시이다. 3연에서는 아픈 기억과 불필요한 과거를 소멸시키고자하며, 4연에서는 "…맥박이/ 말초신경 종점에서/ 멈추도록 해"달라는 것에서 예술적 감각을 최대

평 설

한 이끌어내고자 하는 노력이 보인다. 마지막연의 "정수리를 시작하여/ 욕정의 뿌리를 휘감고/ 엄지발가락 끝까지/ 피를 실어나르지 않도록/ 매일 죽게 해주십시오"에서 화자는 세속적인 욕망을 버리고 오직 영혼의 노래를 부르겠다는 의지를 확인하게 된다.

시인은 시의 다양성이 수용되는 시대에 어떻게 창작할 것인가 고민한다. 현대시의 본질은 이미지화하는 언어창조이다. 언어의 창조는 비유, 아이러니, 풍자, 모순, 역설 등의 요소들을 지니고 있다. 일상의 모순된 진리가 모순을 초월함으로서 더 높은 세계로 확장시켜 나아가는 것이 시이다. 속마음과 반대되는 표현으로 기대가 어긋나는 모순이나 부조화가 예상 밖의 결과를 가져올 때도 있다. 반어법도 마찬가지로 표현의 효과를 극대화시키기 위한 시적 알레고리이다. 결론은 진한 여운과 감동이 독자에게 어필되어야 한다는 점이다.

인간은 삶의 의미에 대해 고민하는 존재이다. 정신적인 존재인 인간은 세상에 질문하므로 인간인 것이다. 그러면 다양성이 수용되는 이 시대에 시인은 어떤 시를 써야할 것인가. 지혜의 핵심은 휴머니티다. 휴머니티는 진정성이다. 진정성은 인류 보편적 가치추구이며 보편적 가치추구는 인간의 존엄을 바탕으로 자유와 평화와 행복을 추구하는 것이 된다.

시 이론을 바탕으로 독자적인 시세계를 보여준다는 것은, 즉 시적 형상화인 이미지, 은유, 상징 등의 창작기법을 활용하여 생동감 있게 자기만의 노래를 불러야 할 것이다. 모호한 말같이 들릴지 모르겠으나 시창작은 나만의 소리이며 기존의 답습을 벗어나 감동을 획득할 때 시의 가치가 있다할 것이다. 작가가 작품에 혼신의 힘을 다하는 것은 완벽한 작품을 내놓겠다는 작가의 자존심이다. 최성학 시인은 자신의 독단에 갇히지 않기 위해 명작을 필사하며 창작하는 모습에서 미래의 시인의 모습을 기대해 보게 된다.

평 설

 21세기는 네트워크 사회요 디지털 사회이다. 아나로그가 미덕인 시대는 지나갔다. 현대인은 감정이 정체돼 있다. 감정이 메마르면 소통이 불가능하다. 독자와 교감하면서 존재하는 시인은 자신의 현존을 들어올리는 것으로써 끊임없는 재발견과 나의 이상을 키우는 재확장의 과정이 필요한 것이다.
 시는 '눈으로 읽는 시'와 '머리로 읽는 시'가 있다. '머리로 읽는 시'는 최고의 인간정신을 읽는 것이다. 최고 정신의 표출인 시는 시인 자신을 증명하는 것이 된다. 그래서 좋은 시는 다시 읽어도 좋다. 세월이 세찬 폭풍우를 뚫고 살아남듯이 코로나19로 집에 갇혀있으면서 작업에 집중하는 시인에게 천혜의 은총이 내리기를 기원하며 평을 마치고자 한다.

 모든 글은 욕망의 표출로써 인간의 예술적 행위는 더없이 아름답고 고귀하다. 이 아름다운 시창작에 온 몸을 던져 기록하는 최성학 시인의 시집 출간을 진심으로 축하드리며 꾸준히 노력하여 일생에 명작을 남기시길 부탁드린다.
 평론가는 이미 시인이 세상과 자연을 해석해 놓은 것을 재해석할 뿐이다.

천 개의 그리움을 보낸다

필사하는 시인 최성학 감성시집

발행일 _ 2021년 3월 25일
발행인 _ 이정록
발행처 _ 도서출판 샘문
감　수 _ 이정록
기　획 _ 장지연
편집디자인 _ 신순옥
인　쇄 _ 도서출판 샘문
주　소 _ 서울특별시 중랑구 동일로 101길 56, 3층(면목동, 삼포빌딩)
전화번호 _ 02-491-0060 / 02-491-0096
팩스번호 _ 02-491-0040
이메일 _ rok9539@daum.net / saemteonews@naver.com
홈페이지 _ www.saemmoon.co.kr (샘문학)
　　　　　www.saemmoonnews.co.kr (샘문뉴스)
출판사등록 _ 제2019-26호
사업자등록증 등록 _ 113-82-76122
샘문학평생교육원 (온라인 원격)-교육부인가 공식교육기관 _ 제320193122호
샘문평생교육원 (오프라인)-교육부인가 공식교육기관 _ 제320203133호
샘문뉴스 등록번호 _ 서울, 아52256
ISBN _ 979-11-91111-13-2

　본 시집의 구성은 작가의 의도에 따랐습니다.
　이 책의 저작권은 저자와 도서출판 샘문에 있습니다.
　무단 전재 및 표절, 복제를 금합니다.

　　파손된 책은 구입처에서 교환해 드립니다.
　　본지는 한국간행물 윤리위원회 윤리강령 및 실천요강을 준수합니다.

도서출간 안내

도서출판 샘문 에서는

시인님, 작가님들의 개인 〈시집〉 및 〈수필집〉, 〈소설집〉 등을 만들어 드립니다.
시집(시, 동시, 시조), 수필집, 소설집(단편, 중편, 장편), 콩트집, 평론집, 희곡집(시나리오), 동요, 동화집, 칼럼집 등 다양한 장르의 출판을 원하시는 분은 언제든지 당 문학사 출판부에 문의해 주시기 바랍니다.
좋은 책을 만들어 드리기 위해 최선의 노력을 다하겠습니다.

빅뉴스

필명이 샘터인 이정록시인 (아호 : 자율, 승목)이 2020년 7월 31일 재발행한 「산책로에서 만난 사랑」 이 오프라인 서점, 온라인 서점, 오픈마켓에서 절찬리에 발매 되었으며, 특히 교보문고에서는 5개월간 베스트셀러를 기록하였으며, 현재 베스트셀러를 지속하고 있습니다.
샘문 시선집으로 유수에 로펌 출판사와 저명 시인들을 제치고 베스트셀러를 기록한 것은 샘문 시선집의 브랜드력과 당 문학사 대표 시인인 이정록 시인의 저명성과 주지성이 독자 확보력이 최선상임이 증명 된 사례입니다. 또한 네이버에서 〈판매순위〉, 〈평점순위〉, 〈가격순위〉를 교보문고 등에서 1위를 지속하고 있는 시집을 네이버에서 전국서점을 모니터링 한 후 베스트셀러로 선정하였고, 이어 원형에 붉은색 사인(sign) 낙관을 찍어 줬습니다. 그 후 서창원 시인의 〈포에트리 파라다이스〉가 베스트셀러로 선정되었으며 강성화 시인, 박동희 시인, 김영운시인, 남미숙시인이 베스트셀러로 선정되었습니다.

샘문특전

교보문고, 영풍문고, 인터파크, 알라딘, 예스24, 11번가 GS Shop, 쿠팡, 위메프, G마켓, 옥션, 하프 클럽, 샘문쇼핑몰, 네이버 책 등 주요 오프라인, 온라인, 오픈마켓 서점 및 쇼핑몰에 공급하고 있습니다.
기획, 교정, 편집, 디자인에 최고의 시인(문학박사) 및 작가등 전문가들이 참여하여 감성이 살아있는 시집, 수필집, 소설집을 만들어 드립니다.
인쇄, 제본 용지를 품질 좋은 우수한 것만 사용합니다.
당 문학사 컨버전스 감성시집과 샘터문학신문, 홈페이지, 샘문 쇼핑몰, 페이스북, 밴드, 카페, 블로그 합쳐 7만명의 회원들이 활동하는 SNS를 통해 홍보해 드립니다.
당 출판사를 통해 국립중앙도서관 및 국회도서관에 납본하여 영구보존합니다.
당 문화사 정회원은 출판비 〈10% 할인〉이 적용됩니다.
교보문고 광화문 본점 매장에 전용판 매대에 전시됩니다.
출판비 할부도 가능합니다.(각종 카드사 6개월 ~ 12개월 까지 할부가능)

문의처

TEL : 02-496-0060 / 02-491-0096
FAX : 02-491-0040
휴대폰 : 010-4409-9539 / 010-9938-9539
E-mail : rok9539@daum.net
홈페이지 : http://www.saemmoon.co.kr
　　　　　http://www.saemmoonnews.co.kr
주소 : 서울시 중랑구 101길 56, 3층 (면목동, 삼포빌딩)
계좌번호 : 농협 / 도서출판 샘문 351-1093-1936-63

BestSeller Serles 베스트셀러 시리즈

샘문 시선 1009

산책로에서 만난 사랑

샘터 이정록 詩集

필명이 샘터인 이정록시인 (아호 : 지율, 승목)이 1993년 1월 28일에 출간한 본 시집을 2020년 7월 31일 재발행하여 오프라인 서점, 온라인 서점, 오픈마켙 서점에서 발매 되어 현재 8개월간 5쇄까지 완판되었다.
네이버에서는 전국 서점을 모니터링하여 「판매순위」「평점순위」「가격순위」에서 1위를 지속한 시인의 시집을 베스트셀러로 선정하여 붉은 원형 낙관을 찍어 주었다.
「샘문시선 1009호」로 출간한 시인의 시집은 국내 내노라 하는 출판사와 저명한 시인을 제치고 「베스트셀러」로 선정된 것은 「샘문시선」의 브랜드력과 샘터 이정록 시인의 작품성과 저명성, 주지성을 말해주는 사례이며 많은 독자들로부터 사랑 받고 있기 때문이다.

샘문 시선 9001

포에트리 파라다이스
poetry paradise

서창원 시, 시이론 저

2020년 11월 10일에 출간 된 서창원 시인의 「포에트리 파라다이스」시, 시이론 집이 오프라인 서점, 온라인 서점, 오픈마켙 서점에서 발매되어 현재 4개월째 베스트셀러를 지속하고 있다.
네이버에서는 전국 서점을 모니터링하여 「판매순위」「평점순위」「가격순위」에서 인문서적 부문 1위를 지속한 시인의 시집을 베스트셀러로 선정하여 붉은 원형 낙관을 찍어주었. 저명한 출판사나 이론서룰을 제치고 베스트셀러에 선정된 것은 「샘문시선」의 브랜드력과 샘터 서창원 시인의 저명성과 주지성, 작품성이 최상위임을 증명하는 사례이다. 샘문시선은 요즘 현재 연속하여 여러명의 베스트셀러 시인을 배출하고 있다.